Žak Derida
ULIKS GRAMOFON

Kolekcija
Pečat

Izvornik
Jacques Derrida
ULYSSE GRAMOPHONE, Ouï-dire de Joyce
Galilée, Paris, 1987.

S francuskog prevela
ALEKSANDRA MANČIĆ MILIĆ

Pogovor
NOVICA MILIĆ

Na korici
Žak Derida u Beogradu (1992)

Žak Derida

Uliks gramofon

Da-govor* kod Džojsa

Rad

* NAPOMENA O PODNASLOVU: Da-govor – Odlučili smo se za ovakav prevod imajući u vidu objašnjenje o dvoumljenju između reči „oui" („da") i „ouï" („čuj") koje Derida daje u samom tekstu. Mada se autor u konačnoj verziji odlučio za podnaslov koji znači „rekla-kazala kod Džojsa", ili čak „pokvareni telefoni kod Džojsa", „da" je od prvorazrednog značaja u ovom eseju, pa smo se opredelili za prevod te reči onako kako se ona čuje, a ne kako se čita. (*Prim.prev.*)

I

Oui, oui, da, da, dobro me čujete, to su francuske reči. Naravno, to čak ni ne treba potvrditi nekom drugom rečenicom, dovoljno je da razumete prvu reč, *oui*, pa da znate, ako barem toliko razumete francuski, kako ću se, zahvaljujući velikodušnoj dozvoli koju su mi dali ljudi odgovorni za *James Joyce Symposium*, ja vama obratiti, manje-više, na svom pretpostavljenom jeziku, gde barem ovaj poslednji izraz ostaje kvazianglicizam.

No da, može li se navesti i prevesti *da*? Eto jednog od pitanja za koja smatram da se postavljaju tokom ovog saopštenja. Kako bi se prevele rečenice koje sam upravo uputio u vašem pravcu? Rečenica kojom sam počeo, baš kao što Moli počinje i svršava ono što pomalo olako nazivamo njenim monologom, naime, ponavljanjem jednog *da*, ne zadovoljava se time da *pomene*, nego na svoj način i *koristi* ta dva *da*, ova koja ja sada navodim, *da, da*. U mom uvodu niste se mogli odlučiti, i još uvek za to niste kadri, da li sam vam ja govorio *da* ili ga navodio, ili uopštenje, jesam li pominjao reč *oui*, po dva puta, podsećajući, citiram, kako su to zaista francuske reči.

U prvom slučaju, ja tvrdim ili odobravam, potvrđujem, odgovaram ili obećavam, u svakom slučaju, obavezujem se i potpisujem: i da opet pribegnem starom i uvek u izvesnoj meri korisnom razlikovanju koje pravi *speech act theory* [teorija govornih činova] između *use* [upotrebe] i *mention* [pominjanja], upotreba samoga *da* se uvek barem podrazumeva u trenutku potpisivanja.

U drugom slučaju, pre sam naveo ili pomenuo *da, da*. Odnosno, ako čin navođenja ili pominjanja nesumnjivo pretpostavlja i nekakvo potpisivanje i neko potvrđivanje čina pominjanja, to se samo podrazumeva, a implicitno *da* ne brka se sa navedenim ili pomenutim *da*.

Vi dakle još uvek ne znate šta sam ja hteo da *kažem* ili hteo da *učinim* počinjući ovom rečenicom: „*Oui, oui,* da, da, dobro me čujete, to su francuske reči." U stvari, uopšte me ne razumete dobro.

Ponavljam pitanje: kako bi se prevele rečenice koje sam upravo uputio u vašem pravcu? Utoliko ukoliko one pominju, odnosno navode *da*, one u stvari ponavljaju francusku reč i prevod je ispočetka besmislen ili nedopustiv: *yes, yes,* to nisu francuske reči. Kada je Dekart, na kraju *Rasprave o metodi*, objasnio zašto je odlučio da piše na jeziku svoje zemlje, latinski prevod *Rasprave* jednostavno je izostavio taj odeljak. Kakvog smisla ima pisati na latinskom rečenicu koja vam u suštini kaže: evo dobrih razloga iz kojih pišem, ovde i sada, na francuskom? Istina je da je latinski jedini prevod koji je bezobzirno izbrisao tu afirmaciju francuskog jezika. Jer to nije bio tek jedan od prevoda, on je nastojao da *Raspravu o metodi* vrati onome što bi, prema zakonu filozofskog društva onoga vremena, morao biti pravi izvornik na svom pravom jeziku. Ostavimo to za neko drugo predavanje.[1]

Samo sam želeo da naznačim kako je afirmacija jednog jezika njime samim – neprevodljiva. Čin koji u jednom jeziku *skreće pažnju na* sam taj jezik, i na taj način ga dva puta potvrđuje, jednom govoreći ga, a drugi put govoreći da se on tako govori, otvara prostor za *dvostruko isticanje*, koje istovremeno, istim dvostrukim potezom, izaziva i priziva prevod. Prema jednom razlikovanju koje sam se usudio da iznesem na drugom mestu, povodom istorije i imena Vavilona, ono što ostaje *neprevodljivo* jeste u suštini jedina stvar *za prevođenje*, jedina stvar koja se *može prevoditi*. Za prevođenje, u onome što se može prevoditi, može biti samo ono neprevodljivo.

---

[1] U pripremi. [Za Deridinu raspravu o Dekartu, problemu „pravog izvornika na svom pravom jeziku" i na jezicima prevoda *v.* njegov spis „S'il y a lieu de traduire. II. Les romans de Descartes ou l'économie des mots", u: Jacques Derrida: *Du droits à la philosophie* (Paris: Galilée, 1990). – *Prim. prev.*]

Već ste shvatili kako sam se spremio da vam govorim o *da* u nekim odlomcima *Uliksa*, ili barem o nekim modalitetima *da*, i to, odmah jasno stavljam do znanja, tek u obliku prvog nacrta.

Kako bih odmah stavio tačku na beskonačno kruženje ili kružnu plovidbu, na oplovljavanje, kako bih izbegao aporiju imajući u izgledu bolji početak, bacio sam se u vodu, kako se to kaže na francuskom, i odlučio sam da se zajedno sa vama prepustim slučajnosti jednog susreta. Sa Džojsom, slučaj je uvek omeđen zakonom, smislom i programom, u zavisnosti od nadodređenosti figura i lukavstava. A ipak, slučajnost susreta, slučajnost koincidencija upravo dopušta da bude potvrđena, prihvaćena, da, odnosno dokazana u svakom promašaju. U svim promašajima, što će reći u svim genealoškim slučajevima koji izokreću zakonito srodstvo, u *Uliksu*, a bez sumnje i drugde. To je više nego očigledno za susret između Bluma i Stefana na koji ću se začas vratiti.

Baciti se u vodu, rekoh. Mislio sam na vodu jednog jezera, treba da naznačim. Ali vi ste mogli pomisliti: boca u moru, poznata vam je ta Džojsova reč. Jezero mu, međutim, nije bilo toliko strano, odmah ću to objasniti.

Slučajnosti kojoj sam ja rekao *da*, odmah odlučivši da *vam* je ovde isporučim, dajem ime Tokio.

Tokio: da li se taj grad nalazi na zapadnom krugu koji vodi nazad u Dablin ili na Itaku?

Nekakvo lutanje bez računa, duga šetnja jedne *randomness* [nasumičnosti] dovela me je jednoga dana do ovog odlomka (*Eumaeus, The shelter, 1 a.m* [Eumej, Sklonište, 1 čas posle ponoći], 567) tokom kojega Blum imenuje „*the coincidence of meeting, discussion, dance, row, old salt, of the here today and gone tomorrow type, night loafers, the whole galaxy of events, all went to make up a miniature cameo of the world we live in...* [slučajnost susreta, raspravljanje, igru, gužvu, starog morskog vuka, od vrste danas jeste sutra nije, noćna tumarala, čitavu galaksiju događaja, što sve zajedno čini minijaturnu sliku sveta u kojem živimo.]".[2]

---

[2] James Joyce: *Ulysses*, Penguin ed., p. 567; brojevi stranica upućuju na ovo standardno izdanje, iz kojeg smo i prevodili sve odlomke citirane u ovom eseju. (*Prim. prev.*)

„*The galaxy of events* [galaksija događaja]" prevedeno je na francuski kao „*gerbe des événements* [mlaz događaja]", kojim se gubi sve mleko, pa dakle i čaj s mlekom koji neprestano natapa *Uliks* upravo da bi od njega napravio mlečni put ili „*galaxy*". Dopustite mi ovde da se još jednom udaljim od predmeta. Pitali smo se šta se dešava sa *da* kada se ono ponavlja, prilikom „pominjanja" ili prilikom navođenja. Ali šta se događa kada ono postane zaštićeni znak, neotuđivi naziv neke vrste patenta? A pošto se ovde vrtimo, ili kiselimo u mleku, šta se događa kada *da* postane, da, marka ili naziv jogurta? Često ću se vraćati na Ohajo, to obeleženo mesto u *Uliksu*. Postoji, dakle, u Ohaju izvesno zaštićeno ime jogurta Danon koji se zove naprosto YES. I ispod velikog YES koje se može pročitati na samom poklopcu, reklama kaže: „*Bet You Can't Say No to Yes* [Kladim se da ne možeš reći *ne* ovom *da*]".

„*Coincidence of meeting* [slučajnost susreta]", piše u odlomku koji upravo citiram. Nešto niže pojavljuje se ime Tokio – iznenada, kao telegram ili kao naslov na novinskoj stranici *The Telegraph*a koji se nalazi ispod Blumovog lakta, „*as luck would have it* [kao da je tako sreća htela]", rečeno je na početku odeljka.

Ime Tokio vezuje se za jednu bitku, „*Great battle Tokio* [Veliku bitku za Tokio]". To nije Troja, nego Tokio 1904: rat sa Rusijom u pozadini.

Dakle, nalazio sam se u Tokiju pre više od mesec dana, i tamo sam počeo da pišem ovo predavanje, odnosno pre da diktiram osnovne stvari u jedan mali džepni diktafon.

Odlučio sam da ga datiram, jer datirati znači potpisati, kao jutro 11. maja, kada sam tražio poštanske karte u nekoj vrsti prodavnice novina, u podrumu, u „*basement*" Hotela Okura. Tražio sam poštanske karte sa slikama japanskih jezera, koja možemo nazvati pozadinskim morima. Palo mi je na um da sledim obale jezera u *Uliksu*, da krenem u veliki obilazak jezera, između jezera života koje predstavlja Sredozemno more i *Lacus Mortis* koje se pominje baš u sceni u bolnici, nad kojim se nadneo simbol majke: „... *they come trooping to the sunken sea*, Lacus Mortis... *Onward to the dead sea they tramp to drink* [defiluju sve do potonulog mora, *Lacus Mortis*... Sve do mrtvog mora trupkaju da bi pili...]" (411).

U stvari, za ovo predavanje o Uliksu, ja sam najpre nameravao da, kako vi to kažete na engleskom, *adresiram* scenu sa poštanskom kartom, da se obratim toj sceni, pomalo suprotno onome što sam uradio u *Poštanskoj karti*, gde sam pokušao da predstavim vavilonizaciju poštanskog sistema u *Bdenju Finegana*. Vi to bez sumnje znate bolje od mene, možda čitava hrpa poštanskih karata nagoveštava mogućnost da bi geografija trasa iz *Uliksa* po sredozemnom jezeru sasvim mogla imati strukturu jedne poštanske karte ili kartografije poštanskih pošiljaka. To će se pokazati postepeno, a za sada izdvajam jednu rečenicu Dž. Dž.-a koja govori o sličnosti između poštanske karte i objavljenog dela. Svaki javni spis, svaki otvoren tekst nudi se kao izložena površina, kao površina koja nije privatna, nije skrivena, kao površina otvorenog pisma, dakle poštanske karte, sa adresom unesenom u poruku, te otuda i sumnjivom, sa svojim istovremeno kodiranim i stereotipnim jezikom, trivijalizovanim samim kodom ili šifrom. Sa druge strane, svaka poštanska karta je javni dokument, lišen svake *privacy*, koji osim toga, i baš zato, pada pod udar zakona. Upravo to kaže Dž. Dž: „*– And moreover, says J.J.* (ovo nisu makar koji inicijali), *a postcard is a publication. It was held to be sufficient evidence of malice in the testcase Sadgrove v. Hole. In my opinion an action might lie* [– Šta više – reče Dž. Dž. – poštanska karta je javna stvar. Smatralo se da je to dovoljan dokaz zlonamernosti u parnici između Sedgrouva i Houla. Po mom mišljenju, mogao bi se povesti postupak.]" (320). Prevedite: moglo bi se sudski goniti, *to sue*, ali taj čin bi mogao i lagati. U početku beše *speech act*...

Dakle, trag, ili vezu sa tom poštanskom kartom koju treba pratiti ili goniti, naći ćete u karti gospodina Regija, „*his silly postcard* [njegovoj luckastoj poštanskoj karti]", koju je Gerti mogla da pocepa „*into a dozen pieces* [u desetine komadića]" (360). Između ostalih, tu je i „*postcard to Flynn* [poštanska karta za Flina]", na kojoj je Blum, pored svega, priseća se, zaboravio da napiše adresu, čime se podvlači karakter anonimne publikacije: poštanska karta nema stvarnog primaoca, do li onoga ili onu koji potvrde prijem potpisom koji se ne može podražavati. *Uliks*, ogromna *postcard*.

„Mrs Marion. Did I forget to write address on that letter like the postcard I sent to Flynn? [Gđa Merion. Da li sam zaboravio da napišem adresu na tom pismu kao na karti koju sam poslao Flinu?]" (367). (Izdvajam ove poštanske karte u jednom diskurzivnom, ili tačnije, narativnom toku čiji smer ne mogu svaki put iznova da utvrđujem. Tu se neizbežno postavlja metodološki problem na koji ću odmah preći. Poštanska karta bez adrese koja ne dopušta da bude zaboravljena poziva se na Blumovo dobro pamćenje u trenutku kada ovaj traži neko zagubljeno pismo: *„Where did I put the letter? Yes, all right* [Gde sam stavio pismo? Da, u redu je]" (365). Može se pretpostaviti da *„yes"* utvrđuje, prati i potvrđuje povratak pamćenja – mesto gde se pismo nalazi ponovo je pronađeno.) Nešto dalje, posle Regijeve *„silly postcard"*, evo i *„silly letter"*: *„Damned glad I didn't do it in the bath this morning over her silly I will punish you letter* [Strašno mi je drago što to nisam jutros učinio u kupatilu po njenom luckastom kazniću-te pismu]" (366). Ostavimo mirisu toga kupatila i osveti toga pisma vremena da dopru do nas. Ta poruga narasta sve dok ne postane Molin sarkazam protiv onoga ko *„now [hes] going about in his slippers to look for 10 000 for a postcard up up O Sweetheart May...* [sad okolo ide u papučama da traži 10 000 funti zbog poštanske karte još još O Slatka Moja ...]" (665).

Dakle upravo sam kupovao poštanske karte u Tokiju, u prolazu ispod Hotela Okura. Odnosno odlomak koji telegrafskim stilom pominje *„Great battle Tokio"*, pošto je podsetio na *„coincidence of meeting"*, kopilansku genealogiju i nezakonito srodstvo koje vezuje Stefana za Bluma, „galaksiju događaja", itd., predstavlja odlomak iz neke druge poštanske karte. Ovoga puta to nije poštanska karta bez adrese, nego poštanska karta bez poruke. Reklo bi se, dakle, poštanska karta bez teksta, koja bi bila svedena naprosto na spoj jedne slike i jedne adrese. Ispostavlja se da je ovde adresa još povrh svega izmišljena. Primalac te poštanske karte bez poruke jeste neka vrsta izmišljenog čitaoca. Pre nego što se na to vratimo, napravimo jedan krug po odlomku zvanom „Tokio"; moram ga navesti. U njemu se pomno prati neobičan razgovor između Bluma i Stefana, o *pripadanju (belonging)*: *„You suspect, Stephen retorted with a sort of a half*

laugh, that I may be important because I belong to the faubourg Saint-Patrice *called Ireland for short.*
– I would go a step farther, Mr Bloom *insinuated* (preonoseći „*a step farther* [korak dalje]" kao „*un peu plus loin* [malo dalje]", francuski prevod, osim toliko drugih stvari gubi, neka nam sapotpisnik Dž. Dž. ne zameri, i ono „*step father* [očuh]" kojim se na pozadinu svih tih genealoških fantazmi, sa genetskim ukrštanjima i slučajnim diseminacijama, osemenjavanjima i rasemenjavanjima, utiskuje san o ozakonjavanju usvajanjem i povratkom sina, ili brakom sa kćerkom.

Ali nikad se ne zna ko kome, šta kome, ko čemu pripada. Subjekt pripadanja ne postoji taman koliko ni vlasnik poštanske karte: ona ostaje bez naznačenog primaoca).

– But I suspect, Stephen *interrupted, that Ireland must be important because it belongs to me.*

– What belongs? queried Mr Bloom, *bending, fancying he was perhaps under some misapprehension. Excuse me. Unfortunately I didn't catch the latter portion. What was it you?...* [Pretpostavljate, uzvrati Stefan s nekom vrstom polusmeha, da sam ja možda važan jer spadam u *faubourg Saint-Patrice* (predgrađe Svetog Patrika) kraće nazvano Irska.

– Pošao bih korak dalje, dometnuo je g. Blum.

– Ali ja pretpostavljam, prekide ga Stefan, da Irska mora biti važna jer pripada meni.

– Šta pripada? Upita g. Blum, nagnuvši se, pomišljajući da je možda pogrešno razumeo. Izvinite. Nažalost, nisam dobro čuo to na kraju. Šta vama?...]"

Stefan tada ubrzava stvari: „*– We can't change the country. Let us change the subject.* [– Ne možemo promeniti zemlju. Hajde da promenimo temu (*subject*: tema; podanik, državljanin; subjekt)]" (565-566).

Nije dovoljno otići u Tokio kako bi se promenila zemlja, pa čak ni jezik.

Nešto dalje, dakle, poštanska karta bez poruke i adrese vraća se izmišljenom primaocu. Blum misli na slučajnost susreta, na galaksiju događaja, sanja o tome da piše, da piše šta mu padne na um, kao što ja to ovde činim, da piše o sebi, „*my experiences* [moji doživljaji]", kako kaže, da piše neku vrstu letopisa, dnevnika u dnevniku, ličnog *diary* [dnevnika] ili ličnih *newspaper* [novina], u potpunosti se prepuštajući asocijacijama.

Evo, približavamo se obali, poštanska karta je u blizini Tokija: „*The coincidence of meeting... the whole galaxy of events... To improve the shining hour he wondered whether he might meet with anything approaching the same* luck (podvlačim) *as Mr. Philip Beaufoy if taken down in writing. Suppose he were to pen something out of the common groove (as he fully intended doing) at the rate of one guinea per column,* My Experiences, *let us say,* in a Cabman's Shelter. [Slučajnost susreta... čitava galaksija događaja... Ne bi li učinio boljim taj blistavi čas upita se da li bi mogao naići na išta približno toj *sreći* kao g. Bofoj ako to zapiše. Recimo da je hteo da napiše nešto što izlazi iz kolotečine (kao što je sasvim i nameravao da učini) po ceni od jedne gvineje po stupcu, *Moji doživljaji*, recimo, u *Svratištu kod Kočijaša.*]".

My Experiences, to je istovremeno moja „fenomenologija duha" u Hegelovom smislu „nauke o iskustvu svesti", kao i veliki kružni povratak, Uliksova autobiografskoenciklopedijska kružna plovidba: često se govorilo o odiseji fenomenologije duha. Ovde bi fenomenologija duha imala oblik dnevnika svesti i nesvesnog, prepuštenih na milost i nemilost pismima, telegramima, dnevnicima naslovljenim, na primer, *Telegraf*, prepuštenih pisanju na daljinu, i konačno, poštanskim kartama u kojima ponekad sam tekst, izvađen iz džepa nekog mornara, predstavlja samo utvaru neke adrese.

Blum je upravo govorio o *My Experiences*: „*The pink edition, extra sporting, of the Telegraph, tell a graphic lie, lay, as luck would have it, beside his elbow and as he was just puzzling again, far from satisfied, over a country belonging* (još uvek) *to him and the preceding rebus the vessel came from Bridgwater and the postcard was addressed to A. Boudin, find the captain's age,* his eyes (podvlačim reč *eyes*, vratićemo se na nju) *went aimlessly over the respective captions which came under his special province, the allembracing give us this day our daily press. First he got a bit of a start but it turned out to be only something about somebody named H. du Boyes, agent for typewriters or something like that. Great battle Tokio. Lovemaking in Irish 200 damages*

[Ružičasto, više nego upadljivo izdanje *Telegrafa*, u slici i reči govori laži, leži, kao da je sreća tako htela, uz njegov lakat a pošto je on baš opet razbijao glavu, daleko od toga da bude zadovoljan, nad zemljom koja mu pripada i prethodnom zagonetkom stiže lađa iz Bridžvotera a poštanska karta je bila adresirana na A. Boudena, pogodi koliko kapetan ima godina, *njegove oči* besciljno su prelazile preko odgovarajućih naslova koji su spadali u njegod poseban delokrug, u sveobuhvatno daj nam danas našu štampu nasušnu. Prvo ga nešto štrecnu ali se ispostavilo da je to samo nešto o nekome po imenu H. di Bojes, zastupnik za pisaće mašine ili slično. Velika bitka za Tokio. Ljubav po irski 200 funti štete]" (567).

Neću ovde analizirati stratigrafiju tog polja na kojem je bila „*battle Tokio*", što bi stručnjaci mogli činiti do u beskraj; propisana dužina izlaganja dozvoljava mi samo da vam ispričam *my experiences in Tokio*, što će biti kao poštanska karta bačena u more, a zatim da usput postavim pitanje Džojsovih *da*, slučajnosti i iskustva kao potvrde o stručnosti: šta je to stručnjak, doktor za džojsovska pitanja? Kakva je ta džojsovska institucija i šta da se misli o gostoljubivosti kojom me je počastila danas u Frankfurtu?

Blum postavlja jedno uz drugo aluziju na poštansku kartu i ono što već predstavlja čisto asocijativno spajanje, prividno beznačajno dodirivanje, i to podvlačeći njegovu beznačajnost: to je pitanje kapetanovih godina koje treba da pogodimo, pre nego da izračunamo, prema izloženom nizu podataka, figura jednog „rebusa" u kojem nema očigledne veze sa pitanjem. Ipak, u toj šali se podrazumeva da je kapetan – kapetan broda.

Dakle ta poštanska karta je upravo ona karta o kojoj je govorio jedan mornar, jedan pomorski putnik, kapetan koji se kao Uliks jednoga dana vraća sa dugog putovanja oko Sredozemnog jezera. Nekoliko stranica ispred, na istom mestu, u isto vreme: „*– Why, the sailor answered, upon reflection upon it, I've circumnavigated a bit since I first joined on. I was in the Red Sea. I was in China and North America and South America. I seen icebergs plenty, growlers. I was in Stockholm and the Black Sea, the Dardanelles, under Captain Dalton the best bloody man that ever* *scuttled a ship. I seen Russia...* (...) *I seen maneaters in Peru...* [„Pa", odgovori mornar, pošto je porazmislio o tome, „oplovio sam ja štošta otkako sam se prvi put otisnuo. Bio sam na Crvenom moru. Bio sam u Kini i u Severnoj Americi i u Južnoj Americi. Video gomilu ledenih bregova, santi. Bio sam u Stokholmu i na Crnom moru, na Dardanelima, pod kapetanom Daltonom, najkrvavijim tipom koji je ikada krmario brodom. Video Rusiju. (...) Video ljudoždere u Peruu..."]" (545-546).

Išao je svuda osim u Japan, rekoh sebi, dakle evo on iz džepa vadi poštansku kartu bez poruke. Što se tiče adrese, ona je izmišljena, isto onoliko izmišljena koliko i *Uliks*, i to je jedina stvar koju taj Uliks ima u džepu: *„He fumbled out a picture postcard from his inside pocket, which seemed to be in its way a species of repository, and pushed it along the table. The printed matter on it stated:* Choza de Indios. Beni, Bolivia.

All focused their attention on the scene exhibited, at a group of savage women in striped loincloths. (...)

His postcard proved a centre of attraction for Messrs the greenhorns for several minutes, if not more. (...)

Mr. Bloom, without evincing surprise, unostentatiously turned over the card to peruse the partially obliterated address and postmark. It ran as follows: Tarjeta Postal. Seńor A. Boudin, Galeira Becche. Santiago, Chile. *There was no message evidently, as he took particular notice. Though not an implicit believer in the lurid story narrated...* (...), *having detected a discrepancy between his name (assuming he was the person he represented himself to be and not sailing under false colours after having boxed the compass on the strict q.t. somewhere) and the fictitious addressee of the missive which made him nourish some suspicions of our friend's bona fides, nevertheless...* [Iz unutrašnjeg džepa, koji je izgleda bio skladište svoje vrste, ispetljao je razglednicu i gurnuo je preko stola. Ono što je na njoj bilo odštampano glasilo je: *Choza de Indios. Beni, Bolivia* (Indijanska koliba. Beni, Bolivija).

Svi su usmerili pažnju na izloženu scenu, na grupu urođeničkih žena sa trakastim pregačama. (...)

Njegova poštanska karta beše u središtu pažnje gg. žutokljunaca nekoliko minuta, ako ne i više. (...)

G. Blum, bez vidljivog iznenađenja, nenametljivo prevrte razglednicu da bi pregledao delimično izbrisanu adresu i poštanski žig. Pisalo je sledeće: *Tarjeta Postal. Seńor A. Boudin, Galeria Becche, Santiago, Chile* (Poštanska karta. Gospodin A. Bouden, Pasaž Bekće, Santjago, Čile]. Očigledno nije bilo poruke, što mu je posebno palo za oko. Mada nije bezuslovno verovao u ispričanu groznu priču (...), pošto je otkrio neslaganje između njegovog imena (pod pretpostavkom da jeste osoba za koju se predstavljao, a ne da plovi pod lažnim bojama pošto je negde strogo pov. počeo ispočetka) i navodnog primaoca na pošiljci koja je u njemu pothranila sumnje u *bona fide* našeg drugara, ipak...]" (546-547).

Dakle, upravo kupujem poštanske karte u Tokiju, sa slikama jezera, i bojažljivo se prihvatam da pred „*Joyce scholars* [stručnjacima za Džojsa]" održim predavanje o *da* u *Uliksu* i o instituciji za proučavanje Džojsa, kada iznenada nađem, u radnji u kojoj se slučajno zateknem, u podrumu Hotela Okura – „*coincidence of meeting*" – knjigu pod naslovom *16 ways to avoid saying no* [16 načina da se izbegne reći *ne*], koju je napisao Masaki Imai. Bila je to, čini mi se, knjiga o trgovačkoj diplomatiji. Kažu da Japanci iz učtivosti izbegavaju, koliko god je to moguće, da kažu *ne*, čak i ako žele da kažu *ne*. Kako da objasnimo da hoćemo da kažemo *ne* kada hoćemo da kažemo *ne* a da ga ne kažemo? Kako prevesti *ne* kao *da*, i šta znači prevoditi kada je u pitanju taj jedinstveni par da/ne, evo pitanja koje nas očekuje na povratku. [3] Pored te knjige, na istoj polici i od istog auto-

[3] Bavljenje ovim pitanjem biće predodređeno težinom irskog jezika koji pritiska u tišini i postrance čitav tekst. Irski takođe na svoj način izbegava svako *da* ili *ne* u direktnom obliku. Na pitanje: „da li si bolestan?" taj jezik ne odgovara ni sa *da* ni sa *ne*, nego ekvivalentom za „jesam" ili „nisam". „Da li je on bio bolestan?" „Bio je", ili „nije bio" itd. Način na koji je *hoc* moglo preuzeti značenje *da* svakako nije stran tom procesu. *Oïl (hoc illud)*, i *oc* poslužili su dakle da se jezici odrede prema načinu na koji se na njima kaže *da*. Italijanski je takođe ponekad nazivan jezikom *si*. Da, ime jezika. [U najstarijem pe-

ra, nalazi se druga knjiga, takođe u prevodu na engleski: *Never take yes for an answer* [Nikada ne prihvataj *da* kao odgovor].

Dakle, ako je veoma teško bilo šta reći sa velikom sigurnošću, odnosno bilo šta što bi sigurno bilo metajezičko, o toj jedinstvenoj reči, reči *da*, koja ništa ne imenuje, ništa ne opisuje, čije je gramatičko i semantičko određenje među najzagonetnijima, verujemo kako u najmanju ruku možemo tvrditi ovo: *it must be taken for an answer* [ono mora biti prihvaćeno kao odgovor]. Ono uvek ima oblik odgovora. Ono dolazi posle drugoga kako bi barem implicitno odgovorilo na zahtev ili pitanje koje drugi postavlja, ma to bio i onaj drugi u meni. *Da* podrazumeva, rekao bi Blum, jednog „*implicit believer* [podrazumevanog vernika]", kada drugi traži nekakvo objašnjenje. *Da* uvek ima smisao, funkciju ili misiju *odgovora*, čak i ako taj odgovor, to ćemo takođe videti, ponekad ima značaj pravog i bezuslovnog obećanja. Dakle, naš japanski pisac nam preporučuje da nikada ne uzimamo „*yes for an answer*". To može da znači dve stvari: *da* može značiti *ne*, ili: *da* nije odgovor. Van diplomatsko-trgovačkog konteksta, gde se naizgled održava, ta opreznost mogla bi nas daleko odvesti.

Ali da nastavim letopis „*my experiences*". U trenutku kada sam zapisivao ove naslove, neki američki turista najtipičnije vrste naginje se preko mog ramena i uzdiše: „*So many books! What is the definitive one? Is there any?* [Koliko mnogo knjiga! Koja je ona prava? Postoji li takva?]". Bila je to sasvim mala knjižara, prodavnica novina. Umalo mu nisam odgovorio „*yes, there are two of them*, Ulysses *and* Finnegans Wake [da, postoje dve, *Uliks* i *Bdenje Finegana*]", ali sačuvao sam to *da* za sebe i nasmešio se glupavo, kao neko ko ne razume jezik.

riodu romanizovanja Galije nastale su velike razlike između govora pojedinih oblasti. Na teritoriji današnje Francuske, izdvajale su se dve jezičke grupe: severna – *langue d'oïl*, i južna – *langue d'oc*, prema nekadašnjem izgovoru reči *oui*, koji je na severu glasio *oïl*, od latinskog *hoc illud* (eto to, tako, da) a na jugu je oblik ostao bliži zamenici *hoc*. Savremeni francuski jezik nastao je od *langue d'oïl*. Tekst se na više mesta poigrava homofonijom reči *oïl* i reči *oeil* (što znači „oko"). *Prim. prev.*]

II

Govorio sam vam o pismima u *Uliksu*, i o poštanskim kartama, i o pisaćim mašinama i o telegrafima: još nedostaje telefon, te moram da vam ispričam i jedan telefonski doživljaj.

Već dugo vremena verujem, i to još uvek traje, kako nikada neću biti spreman da održim neko predavanje o Džojsu pred punom salom stručnjaka. Šta znači biti stručnjak kada je reč o Džojsu, to je moje pitanje. U mesecu martu, kada sam još uvek bio zaplašen, kada sam znao da kasnim, i uopšte kada sam se nalazio u prilično teškom položaju, moj prijatelj Žan-Mišel Rabate mi telefonira da me pita za naslov. Nisam ga imao. Samo sam znao da želim da govorim o *da* u *Uliksu*. Čak sam pokušao da ih prebrojim, ne preterano brižljivo: više od 222 puta javlja se reč *yes* u takozvanoj originalnoj verziji (a sad znamo bolje nego ikada uz kakve mere predostrožnosti treba upotrebljavati taj izraz[1]). Do tog broja, bez sumnje sasvim približnog, došao sam tek posle prvog sabiranja koje je uzelo u obzir samo *yes* u izričitom obliku.[2] Kažem baš reč *yes*, jer može postojati *da* bez reči *yes*, a naročito, što je ogroman problem, računica

---

[1] Nakon prvog izdanja iz 1922. Godine, *Uliks* je sve do 1984. preštampavan u obliku za koji se smatra da ga je autorizovao sam pisac. Tada se pojavilo tzv. kritičko i sinoptičko izdanje, oslonjeno na pojedine sačuvane Džojsove rukopise i ispravke tokom štampe, koje je pripremio H. V. Gabler, odnosno „ispravljeno" popularno izdanje kuće Pingvin. Objavljivanje ovog izdanja pratile su brojne kontroverze, koje Derida ima u vidu u ovoj zagradi. – *Prim. prev.*

[2] Kasnije, tokom nedelje posle ovoga predavanja, stručnjak i prijatelj koga sam sreo u Torontu skrenuo mi je pažnju na drugu jednu računicu. Njome se došlo do mnogo veće brojke,

više nije ista u prevodu. Francuski prevod dodaje mnoga *da*. Više od četvrtine tih „*yes*" sabrano je u onome što naivno nazivamo Molinim monologom: čim se pojavi *da*, u monologu nastaje nekakav prekid, neka telefonska slušalica je spuštena.

Kada mi je Žan-Mišel Rabate telefonirao, ja sam bio odlučio da ispitam, ako se tako može reći, *da* iz *Uliksa*, kao i da proučim instituciju stručnjaka za Džojsa, i još da proverim šta se događa kada je jedno *da* napisano, navedeno, ponovljeno, arhivirano, *recorded*, gramofonisano, kada predstavlja predmet prevođenja i prenosa, transfera.

Ali još uvek nisam imao naslov, imao sam samo statistiku i neke beleške na jednoj jedinoj stranici. Zamolio sam

bez sumnje zato što su uzeta u obzir sva *ay*, za koja usput beležim da, pošto se izgovaraju kao *I*, baš kao i reč koja znači *ja*, predstavljaju problem na koji ću se kasnije vratiti. Evo te druge računice Noela Rajlija Fiča [*Noel Riley Fitch*] u knjizi *Sylvia Beach and the Lost Generation, A History of Literary Paris in the Twenties & Thirties* [Silvija Bič i izgubljena generacija, Istorija književnog Pariza dvadesetih i tridesetih], New York, London, 1983. Ako navodim čitav taj odeljak, to je zato što mi je on važniji od puke aritmetike *yes*: „*One consultation with Joyce concerned Benoit-Méchin's translation of the final words of* Ulysses*": „and his heart was going like mad and yes I said Yes I will". The young man wanted the novel to conclude with a final „yes" following the „I will". Earlier Joyce had considered using „yes" (wich appears 354 times in the novel) as his final word, but had written „I will" in the draft that Benoist-Méchin was translating. There followed a day of discussion in which they dragged in all the world's great philosophers. Benoist-Méchin, who argued that in French the „oui" is stronger and smoother, was more persuasive in the philosophical discussion. „I will „sounds authoritative and Luciferian. „Yes", he argued, is optimistic, an affirmation to the world beyond oneself. Joyce, who may have changed his mind earlier in the discussion, conceded hours later, „yes", the young man was right, the book would end with „the most positive word in the language*" [Jedna konsultacija sa Džojsom ticala se Benoa-Mešenovog prevoda poslednjih reči u *Uliksu*: „i njegovo srce udaralo je kao ludo i da rekla sam Da hoću". Mladić je hteo da

Rabatea da sačeka trenutak, popeo se u svoju sobu, bacio pogled na papir s beleškama, i u svesti mi je sinuo naslov čija mi se kratkoća učinila neodoljivom, čiji je autoritet bio telegrafskog reda: *l'oui dire de Joyce* [da-govor kod Džojsa]. Dakle, dobro me razumete, kazivanje *da* kod Džojsa, ali i govor ili *da* koje se čuje, *govorenje da* koje se šeta kao neki navod ili kao nekakav žamor koji struji, koji kruži po lavirintu uha, za šta znamo samo kroz govorkanje, rekla-kazala, *ouï-dire*, ili doslovno čuj-govor, *hearsay*.

Time se možemo igrati samo na francuskom, u zbunjujućoj i vavilonskoj homonimiji onog *oui* sa samo jednom tačkom na *i*, i *ouï* sa tremom odnosno dve tačke na *i*. Ta neprevodljiva homonimija pre se čuje (kroz rekla-kazala, dakle) nego što se čita očima, *with the eyes*, dok ova poslednja reč, *eyes*, uzgred budi rečeno, pre dopušta da grafem *yes* bude pročitan nego da se čuje. *Yes*, dakle, u *Uliksu*, može samo da bude beleg koji se istovremeno izgovara i piše, vokalizovan kao grafema i napisan kao fonema, da, u nekoj *gramofonisanoj reči*.

Ouï-dire mi se dakle učinio kao dobar naslov, dovoljno neprevodljiv i potencijalno sposoban da objasni ono što sam želeo da kažem o Džojsovom *da*. Rabate mi odgovori „da" preko telefona, naslov je dogovoren. Nekoliko dana kasnije, manje od nedelju dana, dobio sam njegovu divnu knjigu *Džojs, portret pisca u drugom čitaocu*, u kojoj četvrto poglavlje nosi naslov: *Molly: ouï-dire* (sa tremom). „*Curious*

roman okonča završnim „da" iza onoga „hoću". Prethodno je Džojs razmišljao o tome da upotrebi „da" (koje se pojavljuje 354 puta u romanu) kao završnu reč, ali je napisao „hoću" u beleškama iz kojih je Benoa-Mešen prevodio. Zatim je usledio čitav dan rasprava u koje su uvukli sve velike svetske filozofe. Benoa-Mešen, koji je tvrdio da je u francuskom „*oui*" jače i glatkije, bio je ubedljiviji u filozofskoj raspravi. „Hoću" zvuči autoritativno i luciferski. „Da", tvrdio je on, zvuči optimistički, to je afirmacija u svetu izvan samoga sebe. Džojs, koji je možda promenio mišljenje ranije tokom rasprave, nekoliko časova kasnije priznao je, „da", mladić je u pravu, knjiga će se završiti „najpozitivnijom rečju u jeziku"]. (Str. 109-110.)

coincidence, Mr Bloom confided to Stephen unobtrusively [Čudna slučajnost, poveri se g. Blum Stefanu nenametljivo]", u trenutku kada mornar izjavljuje da već poznaje Stefana Dedalusa; *„coincidence of meeting"*, kaže Blum nešto posle svog susreta sa Stefanom. Odlučio sam dakle da sačuvam taj naslov u podnaslovu kako bih time ukazao na koincidenciju, jer sam tada bio potpuno siguran da nećemo ispričati sasvim istu priču pod istim naslovom.

Ali tek kasnije, prilikom jednog isto tako slučajnog susreta po mom povratku iz Japana – Žan-Mišel Rabate to može da posvedoči (vozio sam svoju majku, i kada sam ugledao Rabatea iskočio sam iz automobila na trotoar jedne pariske ulice) – zaključili smo kako je ta slučajnost morala biti „telefonirana" na neki način, prema strogo utvrđenom programu čija je nužnost unapred snimljena kao na telefonskoj sekretarici, pa i ako je prošla kroz mnogobrojne žice, morala se na kraju spojiti u nekoj centrali i pokrenuti nas, i jednog i drugog, jednog zajedno sa drugim ili jednoga ka drugom, jednog pre drugog, a da nikakva zakonska pripadnost nikada ne bude pripisana. Međutim, priča o korespondencijama, prepiskama i telefonu ne završava se ovde. Rabate je ne znam kome morao telefonom da javi moj naslov, i to je izazvalo izvesna specifično džojsovska izobličenja programirana u centrali stručnjaka, jer sam jednoga dana primio pismo od Klausa Rajharta, na papiru sa zaglavljem *Ninth International James Joyce Symposium*, iz kojeg ću navesti samo ovaj odlomak: *„I am very curious to know about your Lui/Oui's which could be spelt Louis as well I suppose. And the Louis' have not yet been detected in Joyce as far as I know. Thus it sounds promising from every angle* [Veoma me zanima da saznam sve o vašem Lui/Oui, što bi se moglo, pretpostavljam, izgovoriti i kao Luj. Koliko mi je poznato, Luj još nije pronađen kod Džojsa. Dakle, obećava u svakom pogledu]".

Postoji barem jedna suštinska razlika između Rabatea, Rajharta i mene, kao i između svih vas i mene, a to je razlika u stručnosti. Vi ste svi znalci, pripadate jednoj sasvim izuzetnoj instituciji. Ova institucija nosi ime onoga ko je učinio sve, a to je i sam rekao, kako bi ona postala neophodna i radila vekovima, kao kakva nova Vavilonska kula koja bi trebalo da „stvori jedno ime"; ona nosi ime čoveka koji je učinio sve ne bi li stvorio jednu moćnu mašineriju čitanja, potpisivanja i premapotpisivanja u službi sopstvenog imena, „pečata" ili „patenta". Ali to je i institucija za koju je on, kao Bog za Vavilonsku kulu, od samog početka sve činio kako bi postala nemoguća i neverovatna, kako bi je unapred uništio, pa čak minirao i sam pojam stručnosti na kojem bi njena zakonitost jednoga dana mogla da se zasniva, bilo da se radi o podobnosti prema znanju ili o podobnosti prema umešnosti.

Pre nego što se vratimo na pitanje šta to vi i ja ovde radimo, pošto je naša stručnost, odnosno nestručnost, proverena, još neko vreme ostajem na telefonskoj vezi, pre nego što prekinem jedan manje-više telepatski razgovor sa Žan-Mišel Rabateom.

Do sada smo sakupljali pisma, poštanske karte, telegrame, pisaće mašine itd. Dakako, treba imati na umu da, ako je *Bdenje Finegana* najviša vavilonizacija jednog *penman*a i jednog *postman*a, motiv poštanske rAzlike[3], motiv daljinskog upravljanja i telekomunikacije uveliko je na delu već i u *Uliksu*. I to se primećuje upravo, kao i uvek, u bezdanu. Na primer, u *The wearer of the crown: „Under the porch of the general post office shoeblacks called and polished. Parked in North Prince's street His Majesty's vermilion mailcars, bearing on their sides the royal initials, E.R., received loudly flung sacks of letters, postcards, lettercards, parcels, insured and paid, for local, provincial, British and overseas delivery.* [*Krunonosac:* „Pod tremom glavne pošte

---

[3] *La différance.* – Reč je o Deridinom izrazu „la différance" za oznaku nesvodljive različitosti, „diferancije" kao odstupanja u prostoru (razmaka, razmicanja) i vremenu (kašnjenja, odlaganja), „starije" i načelno različite od tradicionalnog pojma razlike (diferencije, „la différence"). U francuskom se ovaj neologi-zam može pročitati, ali se ne može čuti kao različit, pripadajući i time fenomenu pisma. *V.* „La différance" u *Marges de la philosophie* (Paris: Minuit, 1972), 3-29. O poštanskoj rAzlici – pismenoj pošiljci koja u razmaku i odlaganju ne mora stići na svoje odredište, što je, po Deridi, načelo svakog pisanog znaka, pa i znaka uopšte, v. *La carte postale – de Socrate à Freud et au-delà* (Paris: Flammarion, 1980). – *Prim. prev.*

čistači cipela su vikali i glancali. Parkirana u Nort Prins ulici, jarko crvena poštanska kola Njegovog Veličanstva, koja su sa strane nosila kraljevske inicijale, E. R., primala su bučno bacane vreće sa pismima, poštanskim kartama, dopisnicama, paketima, preporučenim i pouzećem, za mesnu isporuku, isporuku u unutrašnjosti, u Britaniji i u prekomorskim zemljama.]" (118). Ta tehnologija „*remote control*", kako se na engleskom zove daljinski upravljač za televizor, nije spoljašnji činilac konteksta, ona se tiče unutrašnjosti čak i najelementarnijeg smisla, sve do iskaza ili upisa skoro i najmanje reči, sve do gramofonije reči *da*. Eto zašto kružno lutanje poštanske karte, pisma ili telegrama premešta odredišta samo kroz neprestano brujanje jedne telefonske opsesije, ili još, ako uzmete u obzir gramofon ili telefonsku sekretaricu, jedne telegramofonske opsesije.

Ako se ne varam, prvi telefonski poziv najavljen je ovim Blumovim rečima: „*Better phone him up first* [Bolje mu prvo telefoniraj]", u odlomku naslovljenom (124) „*And it was the feast of the Passover* [I beše svetkovina Pashe]". Nešto pre toga on je pomalo mehanički, kao nekakva gramofonska ploča, ponavljao za Jevrejina najozbiljniju molitvu, onu koja se nikada ne bi smela mehanički ponavljati ili gramofonisati, „*Shema Israel Adonai Elohenu*".

Ako se taj elemenat izvuče manje-više zakonito (jer sve je zakonito i ništa nije zakonito kada se nekoliko odeljaka izdvoji pod izgovorom narativne metonimije) iz najjasnije izloženog zapleta u tekstu, onda se može govoriti o telefonskom *Shema Israel* između Boga, na beskonačnom odstojanju („*a long distance call, a collect call from or to the collector of prepuces* [međugradski razgovor, poziv koji plaća primalac, od ili za skupljača prepucijuma]"), i Izraela. *Shema Israel* znači, znate to, poziv Izraelu, slušaj, Izraele, halo, Izrael, na ime Izraela, *a preson to person call* [lični poziv]. Scena „*better phone him up first*" odvija se u prostorijama dnevnika *Telegram* (a ne *Tetragram*) i Blum upravo zastaje da pogleda neku vrstu pisaće mašine, ili tačnije mašine za slaganje teksta, tipografsku matricu („*He stayed in his walk to watch a typesetter neatly distributing type* [Zastao je u šetnji da pogleda kako slovoslagač uredno raspoređuje slog]"). A pošto prvo čita unatraške („*Reads it backward first*"), sklapajući ime Patris Dignam, očevo ime, Patris, s desna na levo, seća se svoga oca koji je čitao hagadu u istom smeru. U tom odeljku uz Patrisa biste mogli da pratite čitav niz očeva, dvanaest Jakovljevih sinova itd., a reč „*practice* [običaj; vežbanje]" dva puta skanduje tu patrističku litaniju („*Quickly he does it. Must require some practice* [Brzo radi. Mora biti da za to treba vežbe]". A dvanaest redova niže: „*How quickly he does that job. Practice makes perfect* [Kako mu posao brzo ide. Vežbanje dovodi do savršenstva]"). Skoro odmah zatim čitamo: „*Better phone him up first*": „*plutôt un coup de téléphone pour commencer*", „bolje je pozvati telefonom za početak", kaže francuski prevod. Recimo: pozvati telefonom, radije, za početak. Na početku je, zaista, trebalo da bude nekoliko telefonskih poziva.

Pre dela, ili reči, telefon. U početku beše telefon. Čujemo dakle kako neprestano odzvanja taj telefonski *potez* (poziv) koji se igra brojkama, naizgled slučajnim, ali o kojima bi se moglo toliko toga reći. On u sebi sadrži ono *da* na koje se polako vraćamo, kružeći oko njega. Postoji više modaliteta ili tonaliteta telefonskog *da*, ali jedan od njih naprosto iznova beleži, ne govoreći ništa drugo, da je neko *tu*, prisutan, da osluškuje na drugom kraju žice, spreman da odgovori, ali u tom trenutku nema drugog odgovora osim spremnosti da odgovori (halo, da: čujem, shvatam da si tamo, spreman da progovoriš u trenutku kada ja budem spreman da govorim sa tobom). U početku beše telefon, da, u početku telefonskog poziva.

Nekoliko stranica posle dela „*Shema Israël*" i prvog telefonskog poziva, odmah posle nezaboravne scene sa Ohajom pod naslovom *Memorable Battles Recalled* [Sećanja na slavne bitke] (dobro shvatate da od Ohaja do *Battle Tokio* glas putuje veoma brzo) izvesno telefonsko *yes* odzvanja uz jedno „Bingbang" koje podseća na stvaranje vasione. Jedan merodavan profesor upravo je prošao, „– *A Perfect cretic! the professor said. Long, short and long* [Savršena kritska stopa! Reče profesor. Dugi, kratki i dugi]", posle uzvika „*In Ohio!*" „*My Ohio!* [U Ohajo! Moj Ohajo!]". Zatim se, na početku *O Harp Eolian* [O Eolova harfo] čuje zvuk zuba koji cvokoću u ustima kada kroz njih prođe „*dental floss* [konac za zube]" (a ako vam kažem da sam ove godine, pre Tokija, išao u Oksford, Ohajo, i da sam čak kupio „*dental floss*" – odnosno Eolovu harfu – u jednoj apoteci u Itaci, nećete mi verovati. Pogrešićete, jer to je istina i može se proveriti). Kada u ustima *„resonant unwashed teeth* [neoprani zubi koji cvokoću]" trepere na *„dental floss"*, čuje se *„Bingbang, bangbang"*. Blum tada traži da telefonira: *„I just want to phone about an ad* [Samo želim da telefoniram povodom nekog oglasa]". Zatim *„The telephone whirred inside* [Telefon je zazujao unutra]". Ovoga puta Eolova harfa nije *dental floss* nego telefon čiji su kablovi na drugom mestu *navel cords* [pupčane vrpce] koji spajaju sa Edenom. *„– Twenty eight... No, twenty... double four... Yes.* [Dvadeset osam... Ne, dvadeset... dva puta četvorka... Da.]". Ne zna se da li to *Yes* pripada monologu, čime dokazuje prisustvo drugog u sebi (da, to je zaista taj broj) ili već govori nekom drugom na onom kraju žice. I to se ne može znati. Kontekst je odsečen, to je kraj odeljka.

Ali na kraju sledećeg odlomka (*Spot the Winner*) telefonsko *yes* ponovo odjekuje u samim prostorijama *Telegrama*: *„– Yes... Evening Telegraph here, Mr Bloom phoned from the inner office. Is the boss...? Yes,* Telegraph... *To where? Aha! Which auction rooms?... Aha! I see... Right. I'll catch him.* [*Otkrijte pobednika:* (...) *„– Da, ovde Ivning Telegraf,* telefonirao je g. Blum iz unutrašnje kancelarije. Da li je šef... ? Da, *Telegraf...* Kuda? Aha! Koje prostorije za aukciju? ... Aha! Shvatam... U redu. Naći ću ga.]".

U više navrata naznačeno je da telefonski poziv dolazi iznutra. *„Mr Bloom... made for the* inner *door"* kada hoće da telefonira; zatim *„The telephone whirred inside"*, i na kraju *„Mr Bloom phoned from the* inner *office"*. Telefonska unutrašnjost, dakle: jer pre bilo kakvog određenja koje to ime nosi u naše vreme, telefonska *techne* deluje unutar glasa, ona umnožava pisanje glasova bez instrumenata, rekao bi Malarme, ona je mentalna telefonija koja, upisujući daljinu, rAzliku i razmak u *phone*, istovremeno uvodi, zabranjuje *i* ometa monolog koji govori o sebi i za sebe. Istovremeno, jednim udarcem, i jednim pozivom, od prvog telefonskog poziva i od najjednostavnije vokalizacije, od jednosložnog prividno umetnutog „da", „yes", „ay". *A fortiori* to važi i za „da, da", koje zastupnici *speech act* teorije daju kao primer performativa, a Moli ih ponavlja na kraju svog tobožnjeg monologa, u onom *Yes, Yes, I do,* pristajući na brak. Kada govorim o mentalnoj telefoniji, odnosno o masturbaciji, implicitno navodim „*THE SINS OF THE PAST:* (In a medley of voices) *He went through a form of clandestine marriage with at least one woman in the shadow of the Black Church. Unspeakable messages he telephoned mentally to miss Dunne at an address in d'Olier Street while he presented himself indecently to the instrument in the callbox.* [GRESI PROŠLOSTI: (*u mešavini glasova*) U senci Crne crkve sklopio je nekakav tajni brak barem sa jednom ženom. U duhu je telefonirao neizrecive poruke gospođici Dan na neku adresu u D'Olije ulici dok se u telefonskoj govornici nepristojno pokazivao pred aparatom.]" (491-492).

Telefonsko rasprostiranje naročito je upečatljivo u sceni pod naslovom *A Distant Voice* [Glas iz daljine]. U njoj se ukrštaju sve niti naše mreže, paradoksi merodavnosti i institucije, koje su ovde predstavljene u liku profesora i, u svakom smislu te reči, *ponavljanje „yes"*, između očiju i ušiju, *eyes and ears.* Svi ti telefonski konci mogu se povući jednim jedinim odeljkom:

„*A DISTANT VOICE*
– *I'll answer it, the professor said going.* (...)
Hello? Evening Telegraph *here... Hello?... Who's there?... Yes... Yes... Yes...* (...)
The professor came to the inner door (opet '*inner*').
– *Bloom is at the telephone, he said.*
[GLAS IZ DALJINE
– Ja ću odgovoriti, reče profesor polazeći. (...)
– Halo? *Ivning Telegraf* ovde ... Halo? Ko je tamo? ... Da ... Da ... Da ... (...)
Profesor dođe do unutrašnjih vrata (...)
– Blum je na telefonu, reče.]" (137-138).

Blum-je-na-telefonu. Profesor tako određuje jednu naročitu situaciju u tom trenutku u priči, sumnje nema; međutim – kao i uvek u stereofoniji teksta koji daje više živosti svakom iskazu i uvek omogućava metonimijske pretpostavke, a ja nisam jedini čitalac Džojsa koji im se prepustio, na istovremeno zakonit i nezakonit, dozvoljen i nedopušten način – on takođe imenuje Blumovu nepromenljivu suštinu. To se može pročitati iz ove naročite paradigme: *he is at the telephone*, on je uvek tamo, on pripada telefonu, on je istovremeno za njega prikovan i njemu namenjen. Njegovo biće jeste biće-na-telefonu. Ono je priključeno na mnoštvo glasova ili aparata koji automatski odgovaraju. Njegovo tu-biće jeste biće-na-telefonu, ono je biće za telefon, kao što Hajdeger govori o biću za smrt *Dasein*a. I ne igram se kada kažem: Hajdegerov *Dasein* takođe znači biti-pozvan, uvek to znači, kaže nam *Sein und Zeit*, i kao što me je podsetio moj prijatelj Sem Veber, *Dasein* koji doseže samoga sebe tek na Poziv (*der Ruf*), na poziv koji dolazi iz daleka, koji nije nužno upućen rečima, i koji na izvestan način ništa ne kaže. U tu analizu bi se do u detalj moglo uklopiti čitavo pedesetsedmo poglavlje *Sein und Zeit*, koje govori o *der Ruf*, na primer, u vezi sa rečenicama kao što su sledeće: *Der Angerufene ist eben dieses Dasein; aufgerufen zu seinem eigensten Seinkönnen (Sich-vorweg...) Und aufgerufen ist das Dasein durch den Anruf aus dem Verfallen in das Man...*: pozvani je upravo *taj Dasein*; sazvan, izazvan, prizvan ka najčistijoj mogućnosti svoga bića (pred sobom). I *Dasein* je na taj način prizvan ovim pozivom, počev od pada u bezlično, ili izvan njega... Nemamo, nažalost, vremena za tu analizu, bilo unutar, bilo izvan žargona *Eigentlichkeit* [autentičnosti], na koji ovaj [frankfurtski] univerzitet čuva izvesne uspomene.[4]

„– *Bloom is at telephone, he said.*

Tell him go to hell, the editor said promptly. X is Burke's public-house, see?

[– Blum je na telefonu, reče.

– Reci mu da ide dođavola, obrecnu se urednik. X je Berkova gostionica, razumete?]"

Blum je na telefonu, priključen na moćnu mrežu o kojoj ću za nekoliko trenutaka ponovo govoriti. On po svojoj suštini pripada jednoj politelefonskoj strukturi. Ali on je na telefonu, što znači da ga i *očekujemo* na telefonu. Kada kaže „Blum je na telefonu", kao što bih ja sad mogao reći „Džojs je na telefonu", profesor kaže: on čeka da mu se odgovori, a

---

[4] Reč je o knjizi jednog od predstavnika tzv. frankfurtske kritičke teorije, Teodoru Adornu i njegovoj kritici Hajdegera kroz „žargon autentičnosti", kako i glasi naslov te Adornove knjige. *Prim. prev.*

izdavač – koji odlučuje o tome šta će biti sa tekstom, hoće li se sačuvati, koja je njegova istina – to ne želi da učini, i ovde ga šalje u pakao, dole, u *Verfallen*, u pakao cenzurisanih knjiga. Blum čeka da mu se odgovori, da mu se kaže „halo, da". On traži da mu se kaže *da, da*, da se počne telefonskim *da* koje ukazuje da zaista postoji drugi glas, ili telefonska sekretarica, automat koji odgovara sa drugog kraja žice. Kada na kraju knjige Moli kaže „da, da", ona odgovara na molbu, ali na molbu koju sama upućuje. Ona je na telefonu, čak i u krevetu, ona traži, ona čeka da se od nje traži, preko telefona (jer je sama) da kaže „da, da". A to što ona to traži „*with my eyes* [svojim očima]", ne smeta joj da bude na telefonu, naprotiv: „*...well as well him as another and then I asked him with my eyes to ask again yes and then he asked me would I yes to say yes my mountain flower and first I put my arms around him yes and drew him down to me so he could feel my breasts all perfume yes and his heart was going like mad and yes I said yes I will Yes.* [... pa dobro on ili neko drugi i onda ga upitah svojim očima da ponovo pita da i onda me upita da li bih da kažem da moj planinski cvete i najpre ga obgrlih rukama da i privukoh ga dole k sebi tako da oseti moje grudi sve mirisne da i njegovo srce je lupalo kao ludo i da rekoh da hoću Da.]"

Poslednje *Yes*, poslednju reč, eshatologiju knjige, shvatićemo samo *čitanjem*, jer poslednje *Yes* se razlikuje od ostalih po jednom nečujnom velikom slovu, kao što je i sve ostalo nečujno, i samo je vidljivo, što predstavlja doslovno, i slovno, otelovljenje *da* u oku jezika, otelovljenje *yes* u *eyes*. *Langue d'oeil* [5].

Još ne znamo šta znači *yes* i kako ta mala reč, ako je reč, dejstvuje u jeziku i onome što mirne duše nazivamo govornim činovima. Ne znamo deli li ono išta sa bilo kojom drugom rečju u bilo kojem jeziku, deli li išta makar i sa „ne", koje mu sigurno nije simetrično. Ne znamo da li postoji neki gramatički, semantički, lingvistički, retorički ili filozofski pojam osposobljen za taj događaj obeležen kao *yes*. Ostavi-

---

[5] Jezik oka: ovde se autor poigrava homofonijom reči *oeil* (oko) i *oïl* (da). *V.* objašnjenje uz napomenu 3 u poglavlju I. *Prim.prev.*

mo to na trenutak. Ponašajmo se (a to nije samo pretpostavka) *kao da* nas to ne sprečava da razumemo šta jedno *da* zapoveda. Teža pitanja ćemo postaviti kasnije, ako budemo imali vremena.

Da rečeno preko telefona može u jedan mah da bude prožeto mnogim intonacijama, i veliki stereofonski talasi pojačavaju upravo ona njihova svojstva koja određuju razlike. Može izgledati da se one ograničavaju na uzvik, na mehanički kvazisignal kroz koji se ispoljava bilo puko prisustvo *Dasein*a sagovornika na drugom kraju žice (halo, da...) bilo pasivna poslušnost sekretarice ili podređene osobe, spremne da zabeleži naredbe kao nekakva mašina za skladištenje podataka: „*yes, sir*", ili pak osobe koja će ostati na tome da daje čisto informativne odgovore: „*yes, sir; no, sir*".

To je jedan od mnoštva primera. Namerno ga biram od onih mesta gde nas pisaća mašina i naziv H.E.L.Y.'S dovode do poslednjeg predmeta u tom tehničko-telekomunikacionom predvorju ili predgovoru, dovode nas do jednog gramofona, i to u trenutku kada ga priključuju na mrežu proroka Ilije. Evo tog trenutka (ali ja, naravno, razdvajam i izdvajam, filtriram šum):

„*Miss Dune hid the Capel street library copy of* The Woman in White *far back in her drawer and rolled a sheet of gaudy notepaper into her typewriter.*

Too much mystery business in it. Is he in love with that one, Marion? Change it and get another by Mary Cecil Haye.

The disk shot down the groove, wobbled a while, ceased and ogled them: six.

Miss Dunne clicked on the keyboard:

– 16 june 1904 (skoro 80 godina).

Five tallwhitehatted sandwichmen between Monypeny's corner and the slab where Wolfe Tone's statue was not, eeled themselves turning H.E.L.Y'S *and plodded back as they had come.* (...)

The telephone rang rudely by her ear.

– Hello. Yes, sir. No, sir. Yes, sir. I'll ring them up after five. Only those two, sir, for Belfast and Liverpool. All right, sir. Then I can go after six if you're not back. A quarter af-

ter. Yes, sir. Twentyseven and six. I'll tell him. Yes : one, seven, six.
She scribbled three figures on an enveloppe.
– Mr Boylan! Hello! That gentleman from Sport *was in looking for you. Mr Lenehan, yes. He said he'll be in the Ormond at four. No, sir. Yes, sir. I'll ring them up after five.*

[Gospođica Dan sakri duboko u svojoj fioci primerak *Žene u belom* pozajmljen iz biblioteke u ulici Kapel i uvuče list iz drečave beležnice u pisaću mašinu.
Previše tajanstvenosti u tome. Da li je zaljubljen u onu, u Merion? Zameni je, i uzmi neku drugu od Meri Sesil Hej.
Kolut zapade u žleb, zatrese se, ukoči, i upilji se u njih: šest.
Gospođica Dan pritisnu dirku:
– 16. jun 1904. (...)
Petorica visokobelozašеširenih ljudi-oglasa, između ugla Monipenija i postolja gde nije bila statua Volfa Touna, zaokrenuše pokazujući H.E.L.Y.'S i odgegaše se nazad odakle su i došli. (...)
Telefon neprijatno zazvrja pored njenog uva.
– Halo. Da, gospodine. Ne, gospodine. Da, gospodine. Pozvaću ih posle pet. Samo ona dva, gospodine, za Belfast i Liverpul. U redu, gospodine. Dakle, mogu ići posle šest ako se ne vratite. Četvrt sata kasnije. Da, gospodine. Dvadesetsedam i šest. Reći ću mu. Da: jedan, sedam, šest.
Nažvrlja tri brojke na nekom kovertu.
– Gospodine Bojlan! Halo! Onaj gospodin iz *Sporta* je bio ovde i tražio vas. Gospodin Lenehan, da. Rekao je da će biti u Ormondu u četiri. Ne, gospodine. Da, gospodine. Zvaću ih posle pet.]". (228-229)

III

Ponavljanje reči *da* može dobiti mehaničke, servilne oblike, kojima se žena često pokorava svome gospodaru; ali to nije slučajno, čak i ako svaki odgovor drugome kao pojedinačnom drugom mora, čini se, da mu izmakne. *Da* kojim se potvrđuje, kojim se odobrava ili kojim se saglašava, udružuje, obećava, potpisuje ili poklanja, mora nositi ponavljanje u sebi samom kako bi vredelo onoliko koliko vredi. Ono mora neposredno i *a priori* da potvrdi svoje obećanje i da obeća svoje potvrđivanje. To suštinsko ponavljanje dopušta da ga proganja unutrašnja pretnja, unutrašnji telefon koji postaje njegov parazit i njegov mimetičko-mehanički dvojnik, neprestana parodija.

Vratićemo se toj sudbonosnoj činjenici. Ali već čujemo tu gramofoniju koja beleži pismo najživljim glasom. Ona ga *a priori* reprodukuje, u odsustvu bilo kakvog intencionalnog prisustva potvrđivača ili potvrđivačice. Takva gramofonija sigurno odgovara snu o reprodukciji koja *čuva*, kao svoju istinu, živo *da*, uskladišteno u obliku svog najživljeg glasa. Ali upravo time ona ostavlja mesta za mogućnost parodije, za jednu tehniku reči *da* koja je u grozničavoj potrazi za najspontanijom željom, željom koja najviše govori *da*. Kako bi odgovorilo svojoj nameni, to *da* mora odmah biti ponovo potvrđeno. To je svojstvo potpisane obaveze. *Da* ne može da *se* kaže osim ako samo sebi ne obeća sećanje na sebe. Potvrđivanje koje nosi *da* jeste potvrđivanje sećanja. *Da* se mora sačuvati, dakle ponavljati se, uskladištiti svoj glas kako bi se on mogao ponovo čuti.

To je ono što ja nazivam efektom gramofona. *Da* se *a priori* gramofonizuje i telegramofonizuje.

Želja za sećanjem i žalost što ih *da* u sebi nosi, pokreću anamnetičku mašinu. I njeno hipermnetičko ubrzanje. Mašina reprodukuje ono što je živo, i brzo, ona automatski stvara njegovog dvojnika uz pomoć svog mehanizma. Primer koji ovde biram pruža pogodnost dvostruke bliskosti: bliskosti reči „da" sa rečju „glas" i sa rečju „gramofon", u nizu koji izgovara želju sećanja, želju kao sećanje na želju i želju za sećanjem. Upravo u Hadu, na groblju, oko jedanaest časova izjutra, nastaje trenutak *srca* (kao što bi još Hajdeger rekao, mesto sećanja koje čuva i trenutak istine) ovde, trenutak Svetog Srca:

„*The sacred Heart that is : showing it. Heart on his sleeve. (...) How many! All these here once walked round Dublin. Faithful departed. As you are now so once were we.*

Besides how could you remember everybody? Eyes, walk, voice. Well, the voice, yes : gramophone. Have a gramophone in every grave or keep it in the house. After dinner on a Sunday. Put on poor old greatgrandfather Kraahraark! Hellohellohello amawfullyglad kraark awfullygladaseeragain hellohello amarawf kopthsth. Remind you of the voice like the photograph reminds you of the face. Otherwise you couldn't remember the face after fifteen years, say. For instance who? For instance some fellow that died when I was in Wisdom Hely's.

[To je Sveto srce: pokazuje ga. Srce na njegovom rukavu. (...) Koliko ih je! Svi ovi ovde nekada su se šetali Dablinom. Verni koji odoše. Kao što ste vi sada, nekada bejasmo mi.

Uostalom, kako biste mogli svakoga da se sećate? Očiju, hoda, glasa. Recimo, glasa: da, gramofon. Imati po jedan gramofon u svakom grobu ili ga držati u kući. Posle nedeljnog ručka. Stavi jednog starog čukundedu Hraaaaakhraaaak! Halohalohalo vragomijedrago hraaaak vragomijedragodavasvidimopet halohalo opetklopethhšts. Podseća vas na glas kao što vas fotografija podseća na lik. Inače ne biste mogli da se sećate lika posle, recimo, petnaest godina. Koga, na primer? Na primer, onog tipa koji je umro kad sam ja bio kod Vizdoma Helija.]" (115-116).[1]

---

[1] Kažu mi da se unuk Džejmsa Džojsa nalazi ovde, sada, u ovoj sali. Ovaj navod je, naravno, njemu posvećen.

S kakvim pravom se može izdvojiti ili prekinuti neki navod iz *Uliksa*? To je uvek zakonito i nezakonito, uvek treba da bude ozakonjeno, kao neko kopile. Mogao bih da sledim linije Helija, bivšeg Blumovog gazde, kroz svakovrsne genealogije. S pravom ili ne, ovde smatram da je zgodnije da se oslonim na ono što je u vezi sa imenom proroka Ilije, čiji se prolasci umnožavaju, ili tačnije, čiji se dolazak redovno obećava. Ja njegovo ime izgovaram na francuski način, „Eli", ali u engleskom „Ilaja" možete čuti kako odzvanja Molino *Ja*, ako ona daje reč puti [*chair*] (zapamtite ovu reč), koja uvek kaže „da" (*stets bejaht*, podseća Džojs, izvrćući Geteove reči). Ja se neću truditi da se nađem uz „*voice out of haven, calling:* Elijah! Elijah! *and he answered with a main cry* : Abba! Adonai! *and they beheld Him even Him, ben Bloom Elijah, amid clouds of angels...* [glas sa nebesa koji doziva: *Ilija! Ilija!* A on mu odgovara povikavši iz sveg glasa: *Abba! Adonai!* I oni Ga videše, Njega aman Njega, ben Bluma Iliju, sred oblaka anđela...]". (343)

Ne, bez prelaza ću doći na ponavljanje, na ono što je nazvano „*second coming of Elijah* [drugi Ilijin dolazak]" u javnu kuću (473). Tada Gramofon, to jest ličnost i glas gramofona, ako se tako može reći, uzvikne: „*Jerusalem! Open your gates and sing / Hosanna...* [Jerusalime! Otvori svoje kapije i zapevaj / Osana...]". Drugi Ilijin dolazak, pred „*the end of the world* [kraj sveta]". Ilijin glas se javlja kao telefonska centrala ili kao ranžirna stanica. Sve mreže komunikacije, transporta, transfera i prevoda prolaze kroz njega. Politelefonija prolazi kroz Ilijinu programofoniju. Ne zaboravite, ma šta činili, da je, Moli na to podseća, ben Blum Ilaja izgubio mesto kod gazde Helija. Tada je nameravao da prostituiše Moli, da je natera da pozira gola kod jednog veoma bogatog čoveka.

Ilija, to je samo glas, čvorište glasova. Francuski prevod, koji je Džojs ozakonio, kaže: „*C'est moi qui opère tous les téléphones de ce réseau-là* [Ja dajem vezu svim telefonima na ovoj mreži]". To je prevod za: „*Say, I am operating all this trunk line. Boys, do it now. God's time is 12.25. Tell mother you'll be there. Rush your order and you play a slick ace. Join on right here! Book through to eternity junction, the nonstop run* [Čujte, ja upravljam celom ovom glavnom linijom. Momci, pravi je čas. Na Božjem satu je 12.25.

Kažite majci da ćete biti tu. Brzo naručite, pa izvucite keca iz rukava. Smesta se uključite! Rezervišite karte do čvorišta večnosti, radi bez prekida.]". Ja bih na francuskom insistirao na činjenici da treba *iznajmiti* (*book*, *booking*), rezervisati svoja mesta pored Ilije, treba veličati Iliju, sačiniti mu hvalospev; a mesto toga hvalospeva jeste upravo knjiga (*book*) koja sadrži „*eternity junction* [čvorište večnosti]", kao transferencijalna, teleprogramofonska centrala. „*Just one word more* [Samo još jednu reč]", nastavlja Ilija i onda podseća na drugo javljanje Hrista i pita jesmo li svi spremni, Flori Hrist, Stefan Hrist, Zoe Hrist, Blum Hrist itd. „*Are you all in this vibration? I say you are* [Jeste li svi na ovoj vibraciji? Ja kažem da jeste]" što je na francuski prevedeno: „*Moi je dis que oui* [Ja kažem da]", što je sumnjiv, ako ne i nedopustiv prevod, o čemu bismo još morali porazgovarati. A glas onoga ko kaže „*da*", Ilijin glas, kaže to svima koji su na istoj *vibraciji* (što je po meni suštinska reč) da mogu pozvati u svakom trenutku, odmah, smesta, čak ne koristeći tehniku niti poštu, već sunce, sunčeve kablove ili zrake, sunčev glas, mogli bismo reći, fotofon ili suncofon. On kaže „*by sunphone*" : „*Got me? That's it. You call me up by sunphone any old time. Bumboosers, save your stamps* [suncofonom: Kapirate? Tako je. Zovite me suncofonom kad vam je volja po starom vremenu. Besprizornici, štedite marke.]." Dakle, ne pišite mi pisma, štedite marke, možete ih skupljati kao Molin otac.

Dovde smo došli zato što sam vam pričao o svojim doživljajima sa putovanja, sa *round trip*, i o nekoliko telefonskih poziva. Ako već pričam priče, to je zato što želim da odložim trenutak kada treba govoriti o ozbiljnim stvarima i zato što sam previše zaplašen. Ništa me ne plaši više od udruženja stručnjaka za džojsovske stvari. Zašto? Isprva sam hteo da vam govorim upravo o tome, o autoritetu i zastrašivanju.

Stranicu koju ću pročitati napisao sam u avionu koji me je vozio ka Oksfordu, Ohajo, nekoliko dana pre puta u Tokio. Tada sam odlučio da pred vama postavim pitanje o stručnosti, zakonitosti, i o instituciji nadležnoj za Džojsa. Ko ima priznato pravo da govori o Džojsu, da piše o Džojsu, i ko to dobro radi? U čemu se ovde sastoji stručnost i delatnost, kompetencija i performansa?

Kada sam pristao da govorim pred vama, pred najstrašnijim skupom na svetu, pred najvećom koncentracijom znanja o jednom delu punom tako raznovrsnih znanja, najpre sam bio dirnut čašću koja mi je učinjena. I upitao sam se, čime sam vas mogao ubediti da je odista zaslužujem, ma kako malo to bilo. Nemam nameru da ovde odgovaram na to pitanje. Međutim, kao i vi, znam da ne pripadam vašoj velikoj i veličanstvenoj porodici. Naziv porodica draži mi je od imena fondacija ili institucija. Onaj ko je u ime Džojsa odgovorio *da*, uspeo je da poveže budućnost jednog ličnog imena i jednog potpisa, jednog *potpisanog* ličnog imena, jer napisati svoje ime još uvek ne znači i potpisati se. Ako u avionu upišete svoje ime u karticu s podacima koju ćete predati u Tokiju, vi se još niste potpisali. Potpisujete se tek kada gest kojim, na kraju kartice, ili na kraju knjige, ponovo upisujete svoje ime i kada to dobije značenje jednog *da*, kada znači „to je moje ime, potvrđujem to, da, da, mogao bih to iznova potvrditi, setiću se odmah, obećavam, da sam zaista ja to potpisao". Potpis je uvek jedno „da, da", *sintetički* performativ obećanja i sećanja koje uslovljava svako obavezivanje. Vratićemo se na onu neizbežnu polaznu tačku svakog diskursa, sledeći krug koji je istovremeno krug reči *da*, reči „neka tako bude" koje sadrže i amen i himen.

Nisam se osećao dostojnim počasti koja mi je učinjena, daleko od toga, ali sam morao pothraniti mračnu želju da postanem deo te moćne porodice koja nastoji da sažme sve ostale, zajedno sa njihovim skrivenim spisima o nezakonitosti, ozakonjenosti i protivzakonitosti. Ako sam pristao, to je pre svega zato što sam naslutio nekakav izopačen izazov u jednom tako velikodušno ponuđenom ozakonjenju.

Znate bolje od mene, nespokojstvo u vezi sa porodičnim ozakonjenjem izaziva treperenje u *Uliksu* kao i u *Bdenju Finegana*. U tom avionu, mislio sam na izazov i na zamku, jer ovi stručnjaci, govorio sam sebi, s oštroumnošću i iskustvom koje su stekli stalnim vraćanjem Džojsu, moraju znati bolje od drugih do koje mere, pod maskom nekoliko znakova saučesništva, pod prividom referenci i citata u svakoj od mojih knjiga, Džojs za mene ostaje stranac, kao da ga ne poznajem. Nestručnost je, oni to znaju, duboka istina o mom odnosu prema tom delu koje ja u stvari poznajem samo posredno, po čuvenju, po pričanju, po onome „kažu", po egzegezama iz druge ruke, po uvek delimičnim čitanjima. Prema tim stručnjacima, rekoh sebi, došlo je vreme da se podvala razotkrije, a kako je bolje ona mogla biti pokazana ili potkazana nego otvaranjem jednog velikog simpozijuma?

Ne bih li se odbranio od te pretpostavke, koja gotovo da predstavlja izvesnost, upitao sam se: pa u čemu se, na kraju krajeva, sastoji stručnost u slučaju Džojsa? I šta to može biti džojsovska institucija ili porodica, šta je to džojsovska internacionala? Ne znam u kojoj se meri može govoriti o Džojsovoj modernosti, ali ako ona postoji, izvan raspoložive poštanske i programofonske tehnologije, ona ima veze sa time što je projekat namenjen osposobljavanju generacija univerzitetskih profesora tokom vekova vavilonskog izgrađivanja i vaspitavanja, morao da se prilagodi modelu univerzitetske tehnologije i podele rada koji nije mogao biti model iz prošlih vekova. Namera da se svom zakonu potčine ogromne zajednice čitalaca i pisaca, da oni budu obuzdani beskrajnim prenosnim lancem prevoda i predanja, može biti pozajmljena od Platona, kao i od Šekspira, od Dantea kao i od Vika, a o Hegelu i drugim konačnim božanstvima da i ne govorimo. Ali niko od njih nije mogao kao Džojs da tako dobro proračuna svoj udarac prilagođavajući ga određenim tipovima međunarodnih istraživačkih institucija, spremnih da koriste ne samo sredstva organizacionog prenosa, komunikacije, programiranja – koji omogućavaju ubrzano gomilanje, užurbano akumuliranje udruženih i blokiranih interesa znanja u ime Džojsa, pošto vam on svima dopušta da potpišete njegovim imenom, kao što bi rekla Moli („*I could often have written out a fine cheque for myself and write his name on it* [Često sam mogla da napišem lep ček za sebe i da stavim njegovo ime]", 702) – nego i načine arhiviranja i konsultovanja podataka za koje nisu ni čuli svi oni praoci koje sam pominjao, zaboravivši pritom Homera.

Zastrašivanje stoji u vezi sa sledećim: stručnjaci za Džojsa su predstavnici, ali i posledica, najmoćnijeg projekta za vekovno programiranje sveukupnog istraživanja na ontologičko-enciklopedijskom polju – sve u cilju podsećanja na sopstveni potpis. Jedan *Joyce scholar* u potpunosti raspolaže pravom na kompetentnost u enciklopedijskom polju *universitas*. On vlada kompjuterom sveopšte memorije, on se igra čitavom arhivom kulture – ili barem kulturom koja se naziva zapadnom i onime što u njoj upućuje na nju samu prema uliksovskom enciklopedijskom krugu; i zato uvek možemo barem sanjati da pišemo *o* Džojsu a ne *u* Džojsu pod utiskom priviđenja iz neke prestonice Dalekog Istoka, nemajući, barem u mom slučaju, mnogo iluzija po tom pitanju.

Posledice tog pre-programiranja – vi to znate bolje od mene – dostojne su divljenja i zastrašujuće, ponekad i nepodnošljivo surove. Jedna od njih izgleda ovako: ništa se ne može izmisliti *po pitanju* Džojsa. Sve što se može reći o *Uliksu*, na primer, već je unapred predviđeno, zajedno sa, to smo već videli, prizorom akademske stručnosti i naivnosti meta-diskursa. Uhvaćeni smo u tu mrežu. Svaki gest napravljen u pokušaju da se načini nekakav pokret, nalazi se najavljen u tekstu, nadmoćnom i sveobuhvatnom, koji će vas u datom trenutku podsetiti da ste uhvaćeni u mrežu jezika, pisma, znanja, *pa čak i pripovedanja*. Eto jedne od stvari koje sam maločas želeo da pokažem, pričajući vam sve one, dakako istinite, priče o poštanskoj karti u Tokiju, o putovanju u Ohajo, ili o telefonskom razgovoru sa Rabateom. Utvrdili smo da je sve to imalo svoju narativnu paradigmu, *već* se nalazilo ispričano u *Uliksu*. Sve što mi se dešavalo, do samog zapisa koji ću o tome pokušati da napravim, nalazilo se prethodno rečeno i ispričano u svojoj datiranoj jedinstvenosti, unapred zapisano i propisano u jednoj sekvenci znanja i naracije: unutar *Uliksa*, a *Bdenje Finegana* da i ne pominjemo; zapisala ga je hipermnetička mašina kadra da uz pomoć zapadnog znanja i uz mogućnost korišćenja svih jezika sveta u jednoj neizmernoj epopeji uskladišti čak i tragove budućnosti. Da, sve nam se već dogodilo sa *Uliksom*, i unapred je potpisano Džojs.

Ostaje nam da saznamo šta se događa s tim potpisom u ovakvim uslovima – eto jednog od mojih pitanja.

Ovaj položaj je povratan, i to je u vezi sa paradoksom samoga *da*. Pitanje samoga *da* uostalom uvek upućuje na pitanje *dokse*, onoga što u mnjenju mni. Evo paradoksa: u trenutku kada delo sa jednim takvim potpisom pokrene – drugi bi rekli podjarmi – u svakom slučaju, kada ono *za sebe,* da bi se upravo njemu vratila, stavi u pokret mašinu za najstručniju i najuspešniju produkciju i reprodukciju, ono istovremeno uništava ili barem preti da uništi model. Džojs je dao svoj prilog modernom univerzitetu, ali ga i izaziva da se prema njemu i rekonstituiše. On određuje njegove suštinske granice. U krajnjoj liniji, on u tome ne može biti džojsovski kompetentan u tačno određenom, strogom smislu pojma kompetencije, zajedno sa kriterijumima procenjivanja i ozakonjavanja koji su tom pojmu pridodati. On ne može imati džojsovsku fondaciju ili džojsovsku porodicu. U kakvoj je vezi ova situacija sa paradoksom samoga *da* ili sa strukturom potpisa?

Klasičan pojam stručnosti pretpostavlja da se znanje (prema svom delovanju ili položaju) može strogo razdvojiti od događaja o kojem govori, a naročito od nedovoljne pouzdanosti pisanih i govornih belega, recimo od gramofonija. Stručnost pretpostavlja da je metadiskurs moguć, neutralan i istoimen sa sadržajem jednog polja objektivnosti, imao on strukturu teksta ili ne. Učinci kojima ta stručnost upravlja u načelu moraju biti prevodljivi bez ostatka u sadržaj korpusa koji je i sam prevodljiv. Osnovno je da oni nikako ne smeju biti narativnog tipa. Na univerzitetu se, u načelu, ne pričaju priče; uči se istorija, priča se kako bi se podučilo ili razjasnilo, govori se o predmetu pripovesti ili epske pesme, ali događaji i priče tu ne smeju da postoje u svojstvu znanja koje se može institucionalizovati. Dakle, sa događajem koji je potpisan „Džojs", neka *double-bind* [dvostruka veza] postala je barem eksplicitna (jer ona nas povezuje još od Vavilona ili Homera, i svega onoga što im sledi): s jedne strane, treba pisati, treba potpisivati, treba stvarati nove događaje zapisane neprevodljivim belezima – a to je očajnički poziv, vapaj potpisa koji traži neko *da* od drugoga, to je preklinjuće iziskivanje premapotpisa; ali sa druge strane, jedina novina koju donosi bilo koje drugo *da* bilo kojeg drugog potpisa nalazi se već pregramofonisano u džojsovskom *corpusu*.

Efekte izazova te *double-bind* ne uviđam isključivo na sebi samom, u bojažljivoj želji koju možda imam da postanem član porodice Džojsovih zastupnika, gde ću uvek biti samo kopile. Ja ih uviđam i kod vas.

S jedne strane, osigurana vam je zakonita mogućnost da zadržite, ili da barem pokušate da organizujete neku vrstu nadstručnosti po meri *corpusa* koji potencijalno obuhvata sve ono čime se univerzitet bavi (naukom, tehnikom, religijom, filozofijom, književnošću i, naporedo sa svim time, jezicima). U odnosu na tu hiperboličnu stručnost ništa nije transcendentno. Sve je *unutrašnje*, sve se može uključiti u domaće okvire te programotelefonske enciklopedije.

Ali sa druge strane, u isto vreme treba znati, a *vi to znate*, da su potpis i ono *da* koje vas zaokuplja kadri (to je njihova namena) da razore sam koren ove stručnosti, ove zakonitosti, da razore osnovu njene najprisnije unutrašnjosti, kadri da razore instituciju univerziteta, njegove unutarnje pregrade, kao i njegov ugovor sa vanuniverzitetskim svetom.

Otuda mešavina samouverenosti i nemoći koja se može osetiti kod „*Joyce scholars*". S jedne strane, oni znaju, kao Džojs, i prepredeni su, kao Uliks, oni dakle znaju da o tome znaju više, da uvek imaju keca više u rukavu – bilo da je reč o sveobuhvatnom sažetku, ili o mikroskopskom razlaganju na elemente manje od atoma (a to je ono što ja zovem „deljivost slova"), znaju da nema nikoga ko to radi bolje, jer, sve to može se uključiti u „ovo je moje telo" *corpusa*. Ali sa druge strane, ta hipermnetička interiorizacija nikada ne može da se zatvori u samu sebe. Na osnovu razloga koji se dotiču strukture korpusa, plana i potpisa, ne možete biti sigurni ni u koje načelo istinitosti ili zakonitosti. Otuda i osećaj da bi, iako vas ništa novo više ne može iznenaditi iznutra, nešto ipak moglo da vam stigne iz nepredvidljive spoljašnjosti.

I imate goste.

IV

Očekujete Ilijin prolazak, ili drugi dolazak. I, kao u svakoj dobroj jevrejskoj porodici, uvek čuvate jedan tanjir za njega. U očekivanju Ilije, čak i ako je njegov dolazak već gramofonisan u *Uliksu*, svi ste vi spremni, bez mnogo zavaravanja, čini mi se, da priznate stručnost koja dolazi spolja, od pisaca, filozofa, psihoanalitičara, lingvista. Čak od njih tražite da otvaraju vaše skupove. I da postavljaju pitanja kao što je na primer ovo: šta se danas dešava u Frankfurtu, u tom gradu u kojem je džojsovska internacionala, kosmopolitska, ali prilično američka *James Joyce Foundation, established Bloomsday 1967* [Fondacija Džejms Džojs, osnovana na Blumovdan 1967], čiji Predsednik se, koji predstavlja izuzetno veliku američku većinu, nalazi u Ohaju (opet Ohajo!) i prati tok njene izgradnje u ovom modernom Vavilonu koji je jednako prestonica sajma knjiga i čuvene filozofske škole savremenog doba? Kada pozivate nestručnjake – ili navodne spoljne stručnjake, za koje savršeno znate da ne postoje – kao što sam ja, nije li to onda istovremeno zato da biste ih ponizili i zato što od tih gostiju očekujete – osim neke novosti, neke dobre vesti koja će vam najzad biti isporučena iz hipermnetičke unutrašnjosti po kojoj se vrtite u krug kao ludaci u trenutku košmara – dakle, zato što očekujete od njih da vam priznaju zakonitost. Jer, vi ste istovremeno veoma sigurni i veoma malo sigurni u vaša prava, pa čak i u vašu zajednicu, u jednorodnost vaših postupaka, vaših metoda i stilova. Ne možete da računate ni na najmanju saglasnost, ni na najmanju aksiomatsku nagodbu među sobom. U suštini, vi ne postojite kao fondacija, eto šta možete pročitati iz Džojsovog potpisa. Te onda pozivate strance ne bi li došli da vam kažu – a to je ono što ja činim odgovarajući na vaš poziv – jeste, postojite, zastrašujete me, priznajem vas, priznajem vaš očinski i praotački autoritet, priznajte i vi mene, dajte mi diplomu iz džojsovskih studija.

Naravno, u ovome trenutku ne verujete ni reči od ovoga što vam kažem. Pa čak i ako bi to bila istina, čak i ako, da, to jeste istina, ne biste mi verovali ako bih vam rekao da se i ja zovem Ilija: to ime nije upisano u moje lične podatke, ali mi je ipak bilo dato na moj sedmi dan. Ilija je, uostalom, ime proroka koji je prisutan prilikom *svih* obrezivanja. On je zaštitnik, ako tako može da se kaže, obrezivanja. Stolica na kojoj se drži novorođeni dečak za vreme obrezivanja zove se „*Elijah's chair* [Ilijina stolica]". To ime bi trebalo dati svim „*chairs* [katedrama]" za proučavanje Džojsa, svim „*panels*", „*workshops*" [razgovorima, radionicama] koje organizuje vaša fondacija. Isprva sam bio naumio da ovo predavanje nazovem *Oplovljavanje i obrezivanje*, pre nego *Poštanska karta iz Tokija*.

U jednom midrašu se priča kako se Ilija žalio na to da je pao u zaborav jedan savez sa Izraelom, odnosno, kako se zaboravilo na obrezivanje. Bog mu je tada naložio da prisustvuje svim obrezivanjima, što je možda bila neka vrsta kazne. Moglo je biti učinjeno da prokrvari ta scena potpisivanja, da su svi navedeni delovi o proroku Iliji bili vezani za čin obrezivanja, za trenutak ulaska u zajednicu, pridruživanja i ozakonjenja. Najmanje dva puta u *Uliksu* se podseća na „*collector of prepuces*" („*The islanders, Mulligan said to Haines casually, speak frequently of the collector of prepuces* [„Ostrvljani, reče Maligan nehajno Hejnsu, često govore o sakupljaču prepucijuma]", 20) ili „*Jehovah, collector of prepuces* [Jehova, sakupljač prepucijuma.]" („*What's his name? Ikey Moses? Bloom.*

He rattled on.

— Jehovah, collector of prepuces, is no more. I found him over in the museum when I went to hail the foamboat Aphrodite [Kako se zove? Moša Ješa? Blum. On otklepeta: Jehova, sakupljač prepucijuma, više ne postoji. Nabasao sam na njega u muzeju kad sam išao da pozdravim iz pene rođenu Afroditu]", 201). Svaki put, a naročito pred sam nadolazak mleka ili pene, obrezivanje je povezano sa Mojsijevim imenom, kao u onom delu gde, pred „*the name of Moses Herzog* [imenom Mojsija Hercoga]", „*– Circum-*

cised! says Joe. – Ay, says I. A bit off the top [– Obrezan, kaže Džo. -Da, kaže ja. Malo pri vrhu]" (290). „*Ay, says I*": da, kaže ja, ili još: ja, kaže ja, ili još ja (kaže) ja, da (kaže) da: ja: ja, da: da, da, da, ja, ja, itd. Tautologija, monologija, ali i sintetički sud *a priori*. Isto tako biste se mogli igrati činjenicom da na hebrejskom reč za očuha (*step-father*: setite se Bluma kada pred Stefanom kaže kako je spreman da krene „*a step farther*") označava i obrezivača. I ako Blum o nečemu sanja, sanja o tome da Stefana uvede u porodicu i onda, putem braka ili usvojenja, da obreže Jelina.

Kuda, dakle, idemo pridružujući se ovom džojsovskom društvu? Šta će sa njim biti uz ovakav ritam akumulacije i komemoracije, kroz vek ili dva, imajući u vidu nove tehnologije sakupljanja i skladištenja podataka? U stvari, Ilija – to nisam ja, niti je to nekakav stranac koji je došao da vam kaže vest, da vam saopšti novost koja dolazi spolja, a to je da dolazi apokalipsa džojsovskih studija, odnosno da vam kaže istinu, konačno otkriće (a znate da je Ilija uvek bio povezan sa apokaliptičkim govorom). Ne, Ilija, to ste vi, vi ste Ilija iz *Uliksa* koji se predstavlja kao velika telefonska centrala („*Hello there, central!* [Halo tamo, centrala!]", 149), kao ranžirna stanica, kao mreža kroz koju svaka informacija mora da prođe.

Odmah zatim zamišljamo divovski kompjuter za proučavanje Džojsa („*operating all this trunk line... Book to eternity junction...* [upravljam celom ovom glavnom linijom ... Rezervišite karte do čvorišta večnosti...]"). On će gomilati sve publikacije, koordinirati i teleprogramirati sve komunikacije, skupove, teze, *papers*, sačiniće indekse na svim jezicima. Moći ćemo da ga konsultujemo u svakom trenutku, preko satelita ili heliofona (suncofona, „*sunphone*"), danonoćno, računajući na „*reliability* [pouzdanost]" automata: *Hello, yes, yes, what are you asking for? oh! for all the occurences of the word „yes" in* Ulysses*? Yes.* [Halo, da, da, šta tražite? oh! sva mesta na kojima se pojavljuje reč „da" u *Uliksu*? Da.] Preostaće da saznamo da li će osnovni jezik tog računara biti engleski i hoće li njegova marka (njegov „patent") biti američki, zbog ogromne i značajne većine Amerikanaca u trustu Džojsove fondacije. Takođe preostaje da saznamo da li se taj kompjuter može konsultovati povodom *da* na svim jezicima, možemo li se zadovoljiti rečju *da* i da li ta *da*, posebno ona koja se upotrebe prilikom konsultovanja, mogu biti prebrojana, proračunata, izbrojana. Jedno kruženje ubrzo će me vratiti na to pitanje.

U svakom slučaju, bio to lik proroka, obrezivača, svestranog stručnjaka telematskih sposobnosti, lik Ilije samo je jedna sinegdoha uliksovskog pripovedanja, istovremeno veća i manja od celine.

Morali bismo se, dakle, otarasiti dvostruke zablude i dvostruke zaplašenosti. 1. Ni jedna istina ne može doći izvan džojsovskog društva, niti bez iskustva, oštroumlja i znanja koja su sabrali više nego uvežbani čitaoci. 2. Ali, suprotno ili simetrično tome, ne postoji model „džojsovske" stručnosti, niti je moguće interiorizovati ili zatvoriti pojam jedne takve stručnosti. Ne postoji apsolutan kriterijum za merenje stepena prikladnosti diskursa vezanog za tekst potpisan „Džojs". Takav događaj bi uzdrmao sam pojam stručnosti. Jer treba pisati, pisati na jednom jeziku, odgovoriti na *da* i premapotpisati na nekom drugom jeziku. Sam diskurs stručnosti (neutralnog i metajezičkog znanja bezbednog od svakog neprevodljivog pisanja, itd.) nestručan je i najmanje moguće podesan da govori o Džojsu; i on sam se nađe u istom položaju kad god govori o svom „delu".

Umesto da nastavim ovim putem uopštavanja, pošto imam na umu da se skazaljke časovnika okreću, vraćam se na *da* u *Uliksu*. Već odavno pitanje toga *da* pokreće ili prožima sve ono o čemu se trudim da mislim, pišem, da poučim, ili da pročitam. Govoreći samo o čitanju, čitave seminare i tekstove posvetio sam tome *da*, *da* u Ničeovom *Zaratustri* („*Thus spake Zarathustra*", kaže uostalom Maligan, 29), onom *da*, *da* koje kaže himen, što je uvek najbolji primer, *da* velikog potvrđivanja u podne, a zatim i dvosmislenosti dvostrukog *da*: jedno upućuje na hrišćansko primanje bremena, na „*Ja, Ja*" magarca pretovarenog, kao Hristos, sećanjima i odgovornostima; drugo *da*, *da*, lagano, vazdušasto, razigrano, sunčano, takođe je jedno *da* ponovnog potvrđivanja, obećanja i zakletve, *da* večitom povratku. Razlika između ova dva *da*, ili tačnije, između dva ponavljanja *da*, ostaje nepostojana, istančana, uzvišena. Jedno ponavljanje proganja ono drugo. *Da* uvek pronalazi svoju priliku kod izvesne žene, kod Ničea koji je, ustalom kao i

Džojs, predviđao da će jednoga dana biti osnovane katedre za proučavanje njegovog *Zaratustre*. Isto tako, u Blanšoovom *Ludilu dana* lažni pripovedač sposobnost *da* govore *da* pripisuje ženama, lepoti žena, koje su lepe ukoliko kažu *da*: „Ipak sam susretao bića koja nikada nisu kazala životu: ućuti, niti su kazala smrti: odlazi. Skoro uvek su to bile žene, lepa stvorenja".

Da bi dakle pripadalo ženi – i to ne samo majci, puti, zemlji, kao što se često govori o Molinom *yes* u većini čitanja koja su mu posvećena: *Penelope, bed, flesh, earth, monologue*, [Penelopa, krevet, put, zemlja, monolog] rekao je Gilbert i toliki drugi posle njega, pa i pre njega, i tu Džojs nije ništa stručniji od bilo koga drugog. To nije pogrešno, to je čak istina izvesne istine, ali to nije sve i nije tako jednostavno. Zakon *roda* (žanra) čini mi se previše određenim i beskrajno složenijim, bilo da je reč o polnom ili o gramatičkom rodu, bilo o retoričkoj tehnici. Nazvati to monologom posledica je mesečarske površnosti.

Tako sam poželeo da preslušam sva Molina *da*. Ali, može li se to učiniti ako se ona ne dovedu u sazvučje sa svim onim *da* koja ih najavljuju, odgovaraju im i zadržavaju ih na drugom kraju žice tokom čitave knjige? Prošlog leta, u Nici, ponovo sam dakle pročitao *Uliks*, najpre na francuskom, zatim na engleskom, s olovkom u ruci, prebrojavajući *da*, zatim *yes*, i praveći nacrt jedne tipologije. Kao što i možete zamisliti, sanjao sam o tome da se priključim na računar fondacije Džojs, a račun mi se nije slagao od jednog jezika do drugog.

Moli nije Ilija, ona nije Moelija (jer, znate da je Mohel obrezivač) i Moli nije Džojs, pa ipak: njeno *yes* oplovljava i obrezuje, ona opkoljava poslednje poglavlje *Uliksa*, jer to je istovremeno njena prva i njena poslednja reč, njena poslanica i njen pad: „*Yes, because he never did...* [Da, zato što on nikada nije ...]" a na kraju: „*... and yes I said yes I will Yes.* [... i da rekla sam hoću Da.]". Poslednje, eshatološko *Yes* zauzima mesto potpisa, dole desno u tekstu. Čak i ako se pravi razlika, kao što treba, između Molinog *da* i *da Uliksa* u kojem je ona samo lik i trenutak, čak i ako se pravi razlika, kao što takođe treba, između ta dva potpisa (Molinog potpisa i potpisa *Uliksa*) i Džojsovog potpisa, oni se međusobno čitaju i pozivaju. Oni se pozivaju upravo preko onog *da* koje uvek uvodi scenu pozivanja i zahtevanja: ono je potvrda i premapotpis. Afirmacija *a priori* iziskuje potvrdu, ponavljanje, čuvanje i sećanje na *da*. Izvesna narativnost krije se u samom srcu najjednostavnijeg „da": *„I asked him with my eyes to ask again yes and than he asked me would I yes to say yes...* [Upitah ga očima da ponovo pita da i onda me je on pitao hoću li da da kažem da...]".

Da ne dolazi nikad samo, i čovek nikad nije sam kada kaže *da*. Kao ni smeh, kako kaže Frojd, i vratićemo se na to. Frojd takođe podvlači da nesvesno ne zna za *ne*. U čemu pitanje Džojsovog potpisa pretpostavlja ono što ćemo ovde nazvati pitanjem *da*? Postoji jedno pitanje *da*, jedan zahtev za *da*, možda, jer to nikada nije izvesno, jedna bezuslovna i početna afirmacija *da* koja se ne razlikuje nužno od pitanja ili zahteva. Džojsov potpis, barem onaj koji me ovde zanima i čiju pojavu nikada neću pokušati da iscrpno ispitam, ne sažima se u apoziciji svoga žiga u obliku prezimena i grupe, ili igre, označitelja, u koje treba ponovo upisati ime „Džojs". Indukcije koje je ta igra asocijacija i udruženja odavno omogućila jednostavne su, dosadne i naivno vesele. Čak i ako nisu potpuno neprikladne, one će isprva pobrkati potpis sa običnim pominjanjem, apozicijom ili upotrebom imena iz ličnih podataka. Dakle, ni u svom pravnom pojavljivanju, kako sam maločas napomenuo, niti u suštinskoj složenosti svoje strukture, potpis se ne vraća pri samom pominjanju ličnog imena. Samo lično ime, čijim se pukim iščitavanjem ili pominjanjem potpis ne zadovoljava, ne svodi se na zakonito prezime. Ono se izlaže opasnosti da postavi ekran ili ogledalo pred lastavice, a da prema njemu nagrnu psihoanalitičari kojima se žuri da donesu zaključke. Pokušao sam da to dokažem za Ženea, Ponža ili Blanšoa. Što se tiče scene sa očevim imenom, prve stranice *Uliksa* morale bi biti dovoljne da čitaoca nauče pameti.

V

Ko potpisuje? Ko šta potpisuje u ime Džojsa? Odgovor na to neće moći da dobije oblik ključa ili kliničke kategorije koja se izvlači iz džepa prilikom nekakvog skupa ili predavanja. Ipak, u svojstvu skromnog uvoda koji možda isključivo mene zanima, recimo da sam smatrao za neophodno da postavim pitanje potpisa kroz pitanje onog *da* koje on uvek podrazumeva, ukoliko se ono ovde *vezuje*, venčava (*se marie*, držim do ove francuske reči) za pitanje znanja koje se smeje, i znanja kako se smeje *sa* Džojsom, naročito posle *Uliksa.*

Ko je čovek koji se smeje? Da li je to čovek? A to što se smeje, kako se smeje? Smeje li se? Jer postoji više od jednog modaliteta, više od jednog tonaliteta smeha, kao što postoji čitava gama (poligama) u *game* [igri] ili *gamble* [kockanju] nekog *da*. Našto to – gama, „*game*", „*gamble*"? Zato što pre gramofona, baš ispred, kao i pre bujice reči koju Ilija izliva kao telefonista u velikoj centrali, patuljak, „*hobgoblin*", govori *na francuskom,* jeziku krupijea: „*Il vient!* (Ilija, pretpostavljam, ili Hristos) *C'est moi! L'homme qui rit! L'homme primigène! (He whirls round and round with dervish howls) Sieurs et dames, faites vos jeux! (He crouches juggling. Tiny roulette planets fly from his hands.) Les jeux son faits! (The planets rush together, uttering crepitant cracks). Rien n'va plus* [Dolazi! (...) To sam ja! Čovek koji se smeje! Prvobitni čovek! (Vitlaše ukrug urlajući kao derviš.) Dame i gospodo, igrajte! (Čučne, žonglirajući. Iz ruku mu iskaču sitne planete.) Odigrano je! (Planete se sjuruju na gomilu, puštajući zvuke krckanja i pucketanja). Više ništa ne ide!]" (472). „On dolazi", „ništa više ne ide", na francuskom u tekstu. Francuski prevod na to ne ukazuje, francuski dakle odbacuje francuski jezik, izlažući se opasnosti da odbaci jednu suštinsku odrednicu ili referencu u tom samopredstavljanju čoveka koji se smeje.

Pošto govorimo o prevodu, predanju i transferu samoga *da*, imajmo na umu da se isti problem postavlja i u francuskom prevodu za *oui*, jer ono se nalazi, kako se to kaže, „na francuskom u tekstu", i to kurzivom. Brisanje tih oznaka utoliko je ozbiljnije ukoliko „*Mon père, oui*" [Moj oče, da] predstavlja vrednost navoda u kojem se uviđaju svi problemi navedenog, citiranog *da*. U trećem poglavlju prvog dela (*Protej*), nešto posle podsećanja na „*ineluctable modality of the visible* [neizbežni oblik vidljivog]" i „*ineluctable modality of the audible* [neizbežni oblik čujnog]", drugim rečima, neizbežne gramofonije jednog „*yes*", „*sounds solid* [zvuči pouzdano]", o „*navel cord* [pupčanoj vrpci]" se govori u istom odeljku u kojem se ispituje istovetnost suštine oca i sina, i to sve tik kraj jedne svetopisamskotelefonske i judejskojelinske scene: „*Hello. Kinch here. Put me to Edenville. Aleph, alpha : nought, nought, one [...] Yes, sir. No, sir. Jesus wept: and no wonder, by Christ.* [Halo. Ovde Kinč. Spojte me sa Rajskim gradom. Alef, alfa: nula, nula, jedan. (...) Da, gospodine. Ne, gospodine. Isus plakaše: a nije ni čudo, Hrista mi.]". Na istoj stranici (44) (a iz veoma bitnih razloga moramo da razmotrimo stvari po bliskosti) ono što francuski prevod, koji je i Džojs potpisao, daje kao *oui*, nije *yes*, nego jednom „*I am*", a jednom „*I will*". Vratićemo se na to kružnim putem. Evo, dakle, tog odlomka što ga izbliza prati majčina uputnica koju Stefan ne može da unovči u francuskoj pošti (šalter „zatvoren"), kao i aluzija na „*blue French telegram, curiosity to show : – Mother dying come home father*": „*C'est tordant, vous savez. Moi je suis socialiste. Je ne crois pas à l'existence de Dieu. Faut pas le dire à mon père.*

– Il croit?

– Mon père, oui [plavi francuski telegram, raritet za pokazivanje: – Majka umire dođi kući otac": „– To vam je da puknete od smeha, znate. Ja sam socijalista. Ne verujem u postojanje Boga. Ne treba to reći mom ocu.

– On veruje?

– Moj otac, da.]" (47). (Na francuskom u tekstu.)

Dok čitavo pitanje potpisa ostaje pred nama, skromna ali nužna dimenzija koja prethodi razradi smestila bi se, čini mi se, u ugao samog *da* – vidljivog *da* i čujnog *da*, *du oui ouï*, bez ikakve etimološke srodnosti između te dve reči: *oui*, da, i *ouï*, čuven, čujan, „*yes for the eyes*" i „*yes for the ears*", i *rire*, smeha, u ugao *da* i ugao *smeha*. Ukratko, telefonski lapsus koji me je naterao da kažem ili koji je doveo do toga da se čuje „*ouï dire*", predstavlja jedno „*oui rire*", jedno da smehu koje je sebi otvorilo put, jednako kao i konsonantska razlika između *d* i *r*. To su, uostalom, jedini konsonanti u mom prezimenu.

Zašto smeh? Bez sumnje, već je sve rečeno o smehu kod Džojsa, o parodiji, satiri, podsmehu, humoru, ironiji, ismevanju. I o njegovom homerskom smehu, i o njegovom rableovskom smehu. Ostaje možda da se promišlja smeh upravo kao ostatak. Šta to znači smeh? Šta to zasmejava?

Kada jednom budemo priznali u načelu da u *Uliksu* moguća opštost iskustava, smisla, istorije, simbolike, jezika i pisma, veliki ciklus i velika enciklopedija kultura, scena i afekata, zbir zbirova, u krajnjoj liniji nastoji da se ujedini uz pomoć svih svojih sposobnosti kombinovanja, dok pismo pokušava da, po mogućstvu, zauzme sva ta mesta, onda će se totalizujuća hermeneutika čije ostvarenje predstavlja zadatak jedne svetske i večne fondacije za proučavanje Džojsa naći pred onim što oklevam da nazovem vladajući afekat, *Stimmung*, ili *pathos*, pred tonom koji iznova prožima sve drugo a ipak ne predstavlja deo niza drugih jer ih on sve iznova obeležava, pridodaje im se ne dopuštajući da bude pripojen ili uopšten kao nekakav ostatak koji je istovremeno kvazitranscendentalan i suplementaran. I to je *da-smeh* koji dodatno označava ne samo totalitet pisma nego i sve osobine, oblike, rodove smeha, čije razlike bi se mogle klasifikovati nekom tipologijom.

Zbog čega onda *da-smeh pre i posle svega*, za sve ono po čemu na potpis može da se računa? Ili pak za sve ono što ostavlja da se izračuna? Zašto taj ostatak?

Nemam vremena da ocrtam taj rad i tu tipologiju. Idući prečicom, reći ću samo dve reči o tom dvostrukom odnosu, to jest o nepostojanom odnosu koji svojim dvostrukim tonalitetom usmerava moje čitanje ili ponovno pisanje Džojsa, ovog puta s onu stranu samog *Uliksa*, moju dvostruku vezu sa tim *da-smehom*. Moja pretpostavka je da tu dvostruku vezu ne upisujem samo ja. Nju će ustanoviti i tražiti, zahtevati, i sam Džojsov potpis.

Jednim uhom, izvesnom vrstom sluha, čujem kako odjekuje neki negativan *da-smeh*, odnosno nekakav *da-smeh* suprotnog dejstva. On uživa u tome da izatka paučinu koja se suprotstavlja svakoj drugoj mogućoj veštini, i poseduje hipermnetičku veštinu isto tako nepogrešivu kao kakav alfa ili omegaprogramofon u kojem će sve pripovesti, spisi, diskursi, znanja, svi budući potpisi kojima mogu da se obrate džojsovske institucije (kao i neke druge), biti propisani, unapred uračunati van bilo kakvog stvarnog računara, unapred se podrazumevati, biti uhvaćeni, predskazani, parcijalizovani, metonimizovani, iscrpljeni kao predmeti, znale one to ili ne. A nauka, niti savest, ništa ne može da uredi, naprotiv. Ona samo dopušta da se njen doprinos računanju stavi u službu pokroviteljskog potpisa. Ona može da se smeje Džojsu, ali će se na taj način zaduživati kod njega. Kao što je u *Uliksu* rečeno, (197) „*Was Du verlachst wirst Du noch dienen. / Brood of mockers* [To što ismevaš, tome ćeš još služiti. / Leglo rugalaca]".

Postoji jedan Džejms Džojs koga čujem kako se smeje toj svemoći, tom velikom obrtu koji je napravljen i kruženju koje je dovršeno. Govorim o obrtima Uliksa, Odiseja lukavoga, i o velikom obrtu koji je napravio kada se sasvim vratio i u potpunosti se povratio. To je pobednički, radostan smeh, naravno, ali svaka radost uvek odaje nekakav bol, te je ovaj smeh pronicljivo pomiren sa sudbinom. Jer, svemoć ostaje avetinjska, ona otvara i određuje dimenziju priviđenja. Nemoguće je da Džojs *to ne zna*. Nemoguće je da on ne zna, na primer, kako knjiga svih knjiga, *Uliks* ili *Bdenje Finegana*, jednako ostaje samo knjižica među milijardama drugih u *Library of Congress* – zauvek odsutna, bez sumnje, iz male prodavnice novina u jednom japanskom hotelu – takođe izgubljena u nekom neknjiževnom arhivu čije gomilanje je nesamerljivo sa bibliotekom. Milijarde turista, Amerikanaca ili ne, imaće sve manje prilike da naiđu na tu stvar prilikom nekakvog „*curious meeting*". I ta oštroumna knjižica, neki će je smatrati za čak previše umnu, previše umešnu, manipulantsku, preopterećenu znanjem nestrpljivim da se pokaže skrivajući se, *smatrajući* da služi svemu: oceniće je kao *sve u svemu* lošu književnost, prostu, zato što nikada ne pruža priliku neprocenjivoj jednostavnosti pesme, knjigu koja se krevelji zbog svoje preučene tehnologije i hipersholastičnosti, književnost nekog istančanog, malkice previše istančanog učenjaka, drugim rečima, nekakvog doktora Sveznalice koji se tek osvestio (nije li to malkice Norino mišljenje?), koji je imao sračunatu sreću da ga cenzurišu, a time i lansiraju, *U.S. postal authorities* [poštanske vlasti SAD].

Čak i u njegovom mirenju sa avetinjskim, taj *da-smeh* iznova potvrđuje vlast nad subjektivnošću koja sve prikuplja prikupljajući samu sebe ili tako što sebe ostavlja imenu, onome što je samo jedno veliko opšte ponavljanje i generalna proba, duž pravca kretanja sunca, samo jedan dan sa Istoka na Zapad. On tišti i potišten je, ponekad sadističan, sardoničnoironičan: to je cinizam keženja, sarkazma i cerenja, *brood of mockers*. On se povija i opterećuje, otežava, goji se od sveg sećanja, prihvata sažimanje, iscrpljivanje, parusiju. Nema nikakve protivrečnosti kada se kaže: taj *da-smeh* je smeh hišćanskog magarca prema Ničeu, onoga koji se dere *Ja, ja*, odnosno jevrejsko-hrišćanske životinje koja hoće da zasmeje Grka obrezanog sopstvenim smehom: apsolutno znanje kao istina religije, prihvaćeno sećanje, krivica, tegleća književnost – kao što se kaže „tegleća marva" – književnost svođenja računa, trenutak dugovanja: A, E, I, O, U, *I owe you* [dugujem ti], gde se „ja" konstituiše u samom dugu, vraća se samom sebi, na svoje mesto, tek posle duga.

Taj odnos između duga i samoglasnika, između „dugujem ti" (I. O. U.) i vokalizacije, trebalo je da me odvede, no za to nemam vremena, do toga da povežem ono što sam pokušao da kažem na drugom mestu, u *Poštanskoj karti* ili u *Dve reči za Džojsa*, u vezi sa „*and he war*" i „*Ha, he, hi, ho, hu*" u *Bdenju Finegana* i sa I, O, U u *Uliksu*, što je zanimljiv anagram francuskog *oui*, užasno i poučno prevedeno kao „*je vous dois*", „dugujem vam" u prevodu koji je autorizovao Džojs, onome, dakle, kojem je rekao *da* i tako na njega pristao. Da li je to *da* rekao na francuskom, sve samim samoglasnicima, ili na engleskom? Smeh se smeje zaduživanju vo vjeki vjekov čitavih pokolenja naslednika, čitalaca, čuvara, *Joyce scholars* i pisaca.

Taj *da-smeh* zaokružujućeg ponovnog prisvajanja, odisejskog svemoćnog ponavljanja, prati ustanovljavanje sklopa potencijalno kadrog da unapred obremeni njegov patentirani potpis, čak i Molin potpis, svim budućim premapotpisima, čak i posle smrti umetnika u starosti, koji će tada biti važan koliko i prazna ljuštura, koji će biti samo jedno stanje materije. Mašina za usinjivanje – zakonito ili kopilansko – funkcioniše dobro, spremna je na sve: da sve pripitomi, obreže ili obiđe; ona je pogodna i da enciklopedijski ponovo prisvoji apsolutno znanje koje se okuplja oko sebe samog kao Život Logosa, što znači i u istini prirodne smrti. Mi smo ovde, u Frankfurtu, kako bismo o tome posvedočili na komemoraciji.

Međutim, eshatološki tonalitet tog *da-smeha* čini mi se tako obrađen, ili prožet, radije ću reći *opsednut*, veselo trbuhozboren nekom sasvim drugom muzikom, vokalima neke sasvim druge pesme. Takođe ga čujem, sasvim blizu onog drugog, kao *da-smeh* nekog dara bez duga, kao olaku, gotovo amnezijsku potvrdu nekog napuštenog dara ili događaja, onoga što se klasičnim jezikom naziva „opus", kao izgubljeni potpis bez ličnog imena koji pokazuje i imenuje ciklus ponovnog prisvajanja i pripitomljavanja svih parafa samo da bi se u njima odredile granice aveti; a tako se postupa da bi bio omogućen neophodan proboj prilikom dolaska drugoga, drugoga koga ćemo uvek moći da zovemo Ilija, ako je Ilija ime onog nepredvidljivog drugog za koga se mora čuvati jedno mesto, ne više ime Ilije velikog telefoniste iz centrale, Ilije šefa megaprogramotelefonske mreže, nego drugog Ilije, Ilije drugog. Ali eto, to je homonim, Ilija uvek može da bude i jedan i drugi istovremeno, ne možemo pozvati jednog a da ne postoji opasnost da se pojavi drugi. I uvek se treba izlagati toj opasnosti. Ovim poslednjim pokretom se, dakle, vraćam na opasnost ili mogućnost da se jedan *da-smeh* zagadi drugim, da Jedan Ilija, odnosno jedno ja, postane parazit drugoga.

Zašto sam povezao pitanje smeha, *ostatka* smeha, kao temeljnog i kvazitranscendentalnog tonaliteta, sa pitanjem samog „da"?

Kako bismo se zapitali šta se dešava, ili šta dolazi sa *Uliksom*, ili sa dolaskom čega ili koga bilo, Ilijinim, na primer, treba da *pokušamo* da promislimo jedinstvenost događaja: dakle, jedinstvenost potpisa, ili tačnije, nezamenljivog obeležja koje nije nužno svodljivo na fenomen autorskog prava čitljivog kroz očevo ime, posle obrezivanja. Treba pokušati da se promisli obrezivanje, ako hoćete, počev od mogućnosti obeležavanja, mogućnosti poteza koji prethodi njegovom obličju i koji mu ga daje. Odnosno, ako je smeh temeljni, ili ponorski tonalitet *Uliksa*, ako se njegove analize ne mogu iscrpeti uz pomoć ijednog od raspoloživih znanja upravo zato što se on smeje znanju i od znanja, onda smeh praska u samom trenutku potpisivanja. Odnosno, bez *da* nema potpisa. Ako potpis ne koristi ili ne pominje neko ime, on pretpostavlja neopozivu obavezu onoga ko potvrđuje, *govoreći* ili *čineći* pokret koji znači *da*, što je zalog ostavljenog obeležja.

Pre nego što se upitamo ko potpisuje, da li Džojs jeste ili nije Moli, kakva je razlika između potpisa autora i potpisa jednog lika ili fikcije koju je autor potpisao, pre nego što progovorimo o polnoj razlici kao dvojnosti i pre nego što iskažemo svoja uverenja o svojstvu (ovde navodim Frenka Badžena i nekolicinu drugih koji ga slede) onog Molinog „*onesidedly womanly woman* [jednostrano ženski žena]", Moli, te lepe biljke, trave ili *pharmakon*a, ili o „*onesidedly masculine* [jednostrano muškom]" karakteru Džejmsa Džojsa, pre nego što uzmemo u obzir ono što je on rekao o „*nonstop monologue* [neprestanom monologu]" kao „*indispensable countersign to Bloom's passport to eternity* [neophodnom prepapotpisu na Blumovom pasošu za večnost]" (i još jednom mi se čini da Džojsova stručnost u pismima i razgovorima ne uživa nikakvu prednost), pre nego što upotrebimo kliničke kategorije i psihoanalitičko znanje koji su izvedeni u odnosu na mogućnosti o kojima ovde razgovaramo, upitaćemo se šta je to potpis: on zahteva jedno „da" „starije" nego što je pitanje „šta je?" jer ga ono pretpostavlja, jedno „da" „starije" od Znanja. Upitaćemo se zašto *da* dolazi uvek kao „da, da". Kažem *da* a ne reč „da", jer može postojati i *da* bez reči.

P.S. (2. januara 1987) *Da* bez reči ne bi dakle bilo neka „reč-izvor", neka arhireč (*Urwort*). Ona na to ipak liči, i u tome je čitava zagonetka, kao što se može ličiti na Boga. Ali istina je da ono *da* o kojem, na primer, govori Rozencvajg, ima izvornost jedne *Urwort* samo zato da bi bilo nema reč, bez glasa, neka vrsta transcendentalnog u jeziku, pre i s onu stranu svake afirmativne propozicije. To je *da* Boga, *da* u Bogu: „Snaga tog Da u tome je što se pripaja uza sve, u tome što su bezgranične mogućnosti u njemu sakrivene. To je reč-izvor (*Urwort*) jezika, jedna od onih koje omogućavaju... ne rečenice, nego, za početak, jednostavno reči koje u rečenice ulaze. 'Da' nije činilac rečenice, ali isto tako nije ni stenografska oznaka za rečenicu, mada se može koristiti u tom smislu: u stvari, ono je tihi saputnik svih elemenata rečenice, potvrđivanje, '*sic*', amin iza svake reči. Ono svakoj reči u rečenici daje pravo na postojanje, ono joj predlaže sedište na koje može da sedne, ono 'poseda'. Prvo Da u Bogu temelji u svoj svojoj beskonačnosti božansku suštinu. I to prvo Da jeste 'na početku'." *Zvezda Iskupljenja* (franc. prev., str. 38-39).

VI

Trebalo bi, odnosno, trebalo je da svim ovim besedama prethodi jedno dugo, učeno i misaono razmišljanje o smislu, ulozi, a pre svega o pretpostavkama samoga *da*: pre jezika, u jeziku, ali i u iskustvu mnogostrukosti jezika koje možda više ne potiče iz lingvistike u strogom smislu. Proširenje ka pragmatici čini mi se nužnim ali nedovoljnim ukoliko se ne otvara ka misli o tragu ili pismu, u smislu koji sam na drugom mestu pokušao da iskažem, a koji ovde ne mogu da ponovim.

Šta se kazuje, šta se piše, šta se događa i šta dolazi sa jednim *da*?

Da se može podrazumevati a da reč i ne bude izrečena ili napisana. To, na primer, omogućava da se u francuskom prevodu umnože *da* gde god se pretpostavlja da je nekakvo *da* naznačeno engleskim rečenicama u kojima je „*yes*" odsutno. Ali, u krajnjoj liniji, pošto se *da* poklapa sa svakim iskazom, i u francuskom, a pre svega u engleskom, veliko je iskušenje da se sve udvostruči nekom vrstom neprekidnog *da*, da se udvostruče čak i ona *da* koja su oblikovana samo naznakama u ritmu, ponavljanjem uzdaha, kao stanke ili promrmljani uzvici, kao što se katkad dešava u *Uliksu*: *da* dolazi, od mene meni, od mene drugome u meni, od drugoga meni, da potvrdi prvobitno telefonsko „halo": da, to je to, to je upravo ono što kažem, zaista govorim, da, da, razumete, čujem vas, da, tu smo da bismo razgovarali, postoji jezik, dobro me čujete i razumete, zaista je tako, to se događa, dešava se, i dolazi, piše se, označava se, da, da.

Ali pođimo iznova od fenomena *da*, onoga *da* koje je objavljeno i očigledno označeno kao *reč*, bila ona izgovorena, napisana ili fonogramisana. Takva jedna reč govori, ali ne kaže ništa samom sobom, ako pod glagolom kazati podrazumevamo odrediti, pokazati, opisati nešto što se nalazi izvan jezika ili izvan oznake. Njegove jedine odrednice jesu druge oznake, koje su takođe oznake drugog. Pošto *da* ne kaže, ne pokazuje, ne imenuje ništa što je izvan oznake, neki će doći u iskušenje da iz toga zaključe kako *da* ne znači ništa: prazna reč, *jedva* nekakav prilog, jer svaki prilog, prema gramatičkoj kategoriji u koju smeštamo *da* u našim jezicima [engleskom i francuskom], ima bogatiji semantički naboj, jer je svaki određeniji nego *da*, premda ga uvek pretpostavlja. Ukratko, *da* bi bilo transcendentalna adverbijalnost, neizbrisivi dodatak svakom glagolu. U početku beše prilog, ali kao uzvik, još uvek sasvim blizu neartikulisanom kriku, prepojamna vokalizacija, miris diskursa. Može li se potpisati mirisom? Kao što ne možemo zameniti *da* nečim što bi trebalo da to *da* opiše (ono ništa ne opisuje, ništa ne utvrđuje, čak i ako je neka vrsta performativa koji se podrazumeva u svakoj tvrdnji: da, tvrdim, utvrđeno je itd.) pa čak ni onim što bi trebalo da ga dokaže ili potvrdi, i isto tako, nećemo umeti da zamenimo *da* imenima pojmova koji su određeni da opišu taj čin ili postupak, ako pretpostavimo da je to neki čin ili postupak. Pojam aktivnosti ili aktuelnosti ne čini mi se primerenim da objasni fenomen *da*. A taj lažni čin ne može se zameniti „odobravanjem", „tvrđenjem", „potvrđivanjem", „povlađivanjem", „saglasnošću". Reč *„affirmatif"*, kojom se služe francuski vojnici kako bi izbegli bilo kakvu vrstu tehničkih rizika, ne zamenjuje reč *da*, ali je podrazumeva: da, zaista kažem *„affirmatif"*.

Šta nam ostavlja za razmišljanje to *da* koje ništa ne imenuje, ne opisuje, ne određuje i nema nikakve odrednice izvan oznake, i to ne izvan jezika, jer se *da* može lišiti reči, u svakom slučaju, može se lišiti reči *da*. Svojom radikalno nekonstativnom i nedeskriptivnom dimenzijom, čak i ako kaže *da* nekoj deskripciji ili naraciji, *da* je potpuno, *par excellence* performativ. Ali ovakvo određenje čini mi se nedovoljnim. Pre svega zato što performativ mora da bude *rečenica*, i to sama po sebi sasvim smislena rečenica u datom konvencionalnom kontekstu, kako bi proizvela određeni događaj. Dakle uveren sam, da, i u klasičnom filozofskom kodu rečeno, *da* je transcendentalno stanje svake preformativne dimenzije. Obećanje, zakletva, naredba, obavezivanje, uvek podrazumevaju jedno *da, potpisujem*. Ono *ja* uz *pot-*

pisujem kaže, sebi kaže *da* čak i ako potpisuje neki privid. Svaki događaj proizveden nekom performativnom oznakom, svako pismo u širokom smislu, obavezuje se jednim *da*, bilo ono pojavno, odnosno, verbalizovano ili adverbijalizovano kao takvo, ili ne. Moli kaže *da*, ona se seća *da*, *da* koje kaže očima kako bi zatražila *da* njegovih očiju itd.

Nalazimo se ovde na mestu koje *još nije* prostor gde mogu i moraju da se razviju velika pitanja o poreklu poricanja, potvrđivanja ili oporicanja. Niti je to prostor gde je Džojs mogao da preokrene ono „*Ich bin der Geist der stets verneint* [Ja sam duh koji neprestano poriče]", govoreći da je Moli put koja uvek kaže *da*. To *da* o kojem sada govorimo „prethodi" svim tim povratnim alternativama, svim tim dijalektikama. One ga pretpostavljaju i obuhvataju. Pre nego što *Ich* iz *Ich bin* potvrdi ili porekne, ono se postavlja ili pred-postavlja: ne kao *ego*, svesno ili nesvesno *ja*, ženski ili muški subjekt, duh ili telo, nego kao pre-performativna snaga koja, u obliku *ja*, na primer, obeležava da se *ja* obraća drugom ma koliko on ili ona bili neodređeni: „Da-ja", „daja-kažem-drugome", čak i ako *ja* kažem „ne" i čak i ako se *ja* obraća ne govoreći. To minimalno i prevashodno *da*, telefonsko „halo" ili udarac kroz zid nekog zatvora, pre obeležava nego što namerava da kaže ili znači: „ja-tu", slušaj, odgovori, postoji obeležje, postoji drugi. Odrečne tvrdnje mogu zatim da uslede jedna za drugom, ali čak i ako sve obuhvate, to „da" se više ne može obrisati.

Morao sam ustuknuti pred retoričkom nuždom da ovo minimalno i neodređeno, skoro devičansko obraćanje prevedem u reči, i to u reči kao što su „ja", „ja sam", „jezik", itd., tamo gde po položaju *ja*, biće i jezik i dalje ostaju izvedeni u odnosu na to *da*. U tome je čitava poteškoća za onoga ko hoće nešto da kaže o pitanju fenomena *da*. Nekakav metajezik uvek će biti nemoguć u tom pitanju, utoliko ukoliko on sam pretpostavlja neki događaj toga *da* koji neće moći da razume. Isto će važiti i za svako obračunavanje ili računanje, svaki račun kojim bi se hteo urediti niz nekih *da* prema načelu razuma i prema njegovim aparatima. *Da* obeležava da postoji obraćanje drugom.

To obraćanje nije nužno dijalog ili razgovor, jer ono ne pretpostavlja ni glas, ni simetriju, nego pre nekakav veoma užurban odgovor koji već pita. Jer ako postoji drugi, ako postoji *da*, onda drugi više ne dopušta da ga stvara isti, da ga stvara ja. *Da*, uslov svakog potpisa i svakog performativa, obraća se drugome koje ono ne čini i od kojega za početak može samo *tražiti*, i to u odgovor na jedno uvek prethodno pitanje, *da od njega zatraži* da kaže *da*. Vreme se pojavljuje tek posle te osobene anahronije. Ta obavezivanja mogu da ostanu fiktivna, lažna, uvek opoziva, obraćanje može ostati deljivo ili neodređeno, to ne menja ništa u neophodnosti strukture. Ona *a priori* razbija svaki mogući monolog. Nema ničega manje monologirajućeg od samog Molinog „monologa" čak i ako, unutar nekih konvencionalnih granica, zaista imamo prava da ga smatramo značajnim za žanr ili tip „monologa". Ali diskurs koji je smešten između dva „*Yes*" različitih vrednosti, dva „*Yes*" sa velikim početnim slovom, dakle dva gramofonisana „*Yes*", neće umeti da bude monolog, i u najboljem slučaju može biti solilokvijum.

Ali razumljivo je zašto nam se ovde može nametnuti privid monologa, upravo zbog *da, da*. *Da* ne kaže ništa osim drugog *da*, *da* drugoga za kojega ćemo videti da je analitički – ili *a priori sintezom* – implicirano u prvom *da*. A ovo se pak postavlja, pokreće i obeležava samo kao poziv na potvrđivanje u onome *da, da*. To započinje jednim *da, da*, drugim *da*, ali pošto je to još uvek samo jedno *da* koje se seća, koje se priziva (i Moli se seća, *priziva sebe* iz drugoga *da*), uvek možemo doći u iskušenje da tu anamnezu nazovemo monološkom. I tautološkom. *Da* ne govori ništa osim *da*, drugo *da* koje mu sliči čak i ako kaže *da* dolasku nekog sasvim drugog *da*. Ono izgleda kao monotautološko ili spekularno, ili imaginarno, jer otvara položaj onoga *ja* koje je samo po sebi uslov svake performativnosti. Ostin podseća da gramatika *par excellence* performativa jeste gramatika rečenice u prvom licu prezenta indikativa: da, obećavam, prihvatam, odbijam, naređujem, *I do*, *I will*, itd. „On obećava" nije izričit performativ, i ne može to biti osim ako neko „ja" ne podrazumeva na primer: „ja vam se kunem da on obećava, itd".

Setite se Bluma u apoteci. Razgovara se, između ostalog, i o mirisima, parfemima. I setite se, Molina *da*, kao trave, takođe pripadaju elementu parfema. Mogao sam, i o tome sam na trenutak sanjario, da od ove besede načinim raspravu o parfemima, odnosno o *pharmakonu*, i da je nazovem *O parfemativu u Uliksu*. Setite se, Moli se seća svih tih *da*, priziva samu sebe kroz sva ta *da* kao pristajanja baš na ono što lepo miriše, to jest na parfem: „*he asked me would I yes to say yes my mountain flower* (ime Blum, *Flower*, pseudonimizovano na poštanskoj karti poslatoj na *poste restante*, ovde odiše mirisom, isparava) *and first I put my arms around him yes and drew him down to me so he could feel my breasts all perfume yes*... [upita me da li bih da kažem da moj planinski cvete (...) i najpre ga obgrlih da i privukoh da dola k sebi tako da je mogao da oseti moje grudi sve mirisne da...]". Na samom početku knjige, krevet, put i jedno *da* takođe su pozivi koje upućuje parfem: „*To smell the gentle smoke of tea, fume of the pan, sizzling butter. Be near her ample bed-warmed flesh. Yes, yes.*[Mirisati blagi dim čaja, paru šolje, puter koji cvrči. Biti uz njeno bujno, krevetomzagrejano telo. Da, da.]" (63).

Ono „*yes, I will*" izgleda tautološki, ono širi ponavljanje izazvano, prizvano i pretpostavljeno jednim prvobitnim *da* koje u suštini kaže samo „*I will*" i „*I*" kao „*I will*". Pa onda, setite se, rekoh, Bluma u apoteci (86). Govori se o parfemima: „*... had only one skin. Leopold, yes. Three we have* [...imao je samo jednu kožu. Leopold, da. Mi imamo tri]". Jedan red niže: „*But you want a perfume too. What parfume does your? Peau d'Espagne. That orangeflower* [Ali i ti hoćeš parfem. Kakav parfem koristi tvoja? *Peau d'Espagne*. Onaj cvet narandže.]". Otuda prelazi u kupatilo, pa onda na masažu: „*Hammam. Turkish. Massage. Dirt gets rolled up in your navel. Nicer if a nice girl did it. Also I think I. Yes I. Do it in the bath.* [Turska Masaža. Prljavština ti se valja u pupku. Zgodnije kad bi neka zgodna cura to uradila. I ja mislim ja. Da, ja. Učini to u kupatilu.]". Ako izdvojimo ovaj odlomak (*Also I think I. Yes I*) kao što uvek imamo i nikad nemamo prava da učinimo, imamo minimalnu *propoziciju*, koja je uostalom ekvivalentna onome *I will*, kojom se izražava heterotautologija *da* impliciranog u svakom *cogito* kao misli, ličnom stavu i volji za ličnim stavom. Ali uprkos toj središnjoj ili pupčanoj sceni, *navel cord again*, uprkos arhinarcističkom i samoljubivom prividu toga „da-ja" koje sanja o tome da se masira, da se kupa, da se prisvoji, da postane čisto samo samcato u čistom milovanju, *da* se obraća drugome i može prizivati samo *da* drugoga, ono počinje odgovorom. Nemamo više vremena, žurim i govorim stilom koji je još više telegrafski. Francuski prevod za „*I think I. Yes I* [Ja mislim ja. Da ja]" prepun je nedostataka jer daje „*Je pense aussi à. Oui, je* [I ja mislim na. Da, ja]" umesto „*Je pense je* [Ja mislim ja]", *Ja* mislim o *ja* ili *ja* misli o *ja*, itd. A „*curious longing I* [čudnovato žudno ja]" koje sledi odmah zatim, na francuskom postaje „*Drôle d'envie que j'ai là, moi* [Kakvu smešnu želju imam ja]". Odgovor, *da* drugoga, dolazi mu sa drugog mesta, da ga izvuče iz njegovog sna u pomalo mehaničkom obliku apotekarevog *da*, „*Yes, sir, the chemist said* [Da, gospodine, reče apotekar]", koji mu dva puta kaže koliko treba da plati: „*Yes, sir, the chemist said. You can pay all together, sir, when you come back.* [Da, gospodine, reče apotekar. Možete sve da platite zajedno, gospodine, kada se vratite.]". San o mirisnoj kupki, o čistom telu i o masaži pomadom nastavlja se do hristovskog ponavljanja onog „to je moje telo", što je milost kojoj se prepušta uživajući kao miropomazanik gospodnji: „*Enjoy a bath now: clean trough of water, cool enamel, the gentle tepid stream. This is my body* [Sad uživaj u kupanju: čisto korito vode, hladan emajl, blag i mlak mlaz. To je moje telo.]" (88). Sledeći odeljak pominje hrišćansko miropomazanje („*oiled by scented melting soap* [pomazan mirišljavim sapunom koji se topi]"), pupak, put („*his navel, bud of flesh* [njegov pupak, pupoljak puti]", ostatak pupčane vrpce kao ostatak majke) i to je kraj poglavlja sa, još uvek, rečju „*flower*", drugim Blumovim potpisom: „*a languid floating flower* [uveli cvet koji pluta]".

Veliki san o parfemima širi se u *Nausikaji*; to je kretanje vernosti Moli, koje počinje jednim „*Yes. That's her perfume* [Da. To je njen parfem]" i najavljuje se kao gramatika mirisa.

Ovo samopostavljanje sebe u *da* neprestano se vraća, svaki put različito, tokom čitavog putovanja. Jedno od tih mesta, između ostalih (navodim ga jer je sasvim blizu jednog od onih A.E.I.O.U.) jeste ono koje imenuje „ja" kao „entelehiju oblika". No „*I*" je tu istovremeno *pomenuto* i *upotrebljeno*: „*But I, entelechy, form of forms, am I by memory because under everchanging forms.*

I that sinned and prayed and fasted.
A child Conmee saved from pandies.
I, I and I.I.
A.E.I.O.U.
[Ali ja, entelehija oblika, jesam ja po sećanju jer sam u oblicima koji se večito menjaju.
Ja koje je grešilo i molilo se i postilo.
Dete koje je Konmi spasao od pruta.
Ja, ja i ja.Ja.
A.E.I.O.U.]" (190).

Nešto niže: „*Her ghost at least has been laid for ever. She died, for literature at least, before she was bor* [Njen duh se barem smirio zauvek. Umrla je, bar za književnost, pre nego što se rodila]". Reč je o sekvenci o francuskom duhu i francuskom Hamletu „koji čita iz knjige sebe sama". Džoni Elington tu za Francuze kaže kako „*yes (...). Excellent people, no doubt, but distressingly shortsighted in some matters* [da (...). Izvrstan narod, van sumnje, ali žalosno kratkovid za neke stvari.]" (187).

Na drugom mestu, na kraju *Nausikaje*, Blum piše u pesku, a zatim briše:

„*Write a message for her. Might remain. What?*
I.
(...)
AM.A.
[Napisati joj poruku. Mogla bi ostati. Šta?
Ja.
(...)
AM.A.]" (379).

Samosmeštanje u *da*, ili *Ay*, nije ipak ni tautološko ni narcističko, ono nije ništa više egološko čak i ako izmamljuje pokret kružnog prihvatanja, odiseju koja može da ostvari sve te određene modalitete. Zbog njega ostaje otvoren krug koje ono samo započinje. Isto tako, ono još nije performativno, još nije transcendentalno, iako ga pretpostavlja svaka performativnost, *a priori* svako konstativno teoretisanje, svako znanje i svaka transcendentalnost. Iz istog razloga, ono je preontološko, ako ontologija govori o onome što jeste, ili o biću onoga što jeste. Govor o biću pretpostavlja odgovornost samoga *da*: da, što je rečeno, rečeno je, odgovaram ili odgovoreno je biću na zahtev za objašnjenjem itd. I dalje u telegrafskom stilu, smestiću dalje mogućnost *da* i *da-smeha* na ono mesto gde transcendentalna egologija, gde ontoenciklopedija, velika spekulativna logika, fundamentalna ontologija i misao o biću vode do misli o daru i poslanju, koju one pretpostavljaju, ali ne mogu da je sadrže. Ne mogu da razvijem ovaj argument onako kako bi trebalo i onako kako sam to pokušao da učinim na drugom mestu. Zadovoljiću se time da povežem ovo pitanje sa onim koje se, na početku ovog pregleda, ticalo mreže poštanskih pošiljaka u *Uliksu*: poštanske karte, pisma, čeka, telegramofona, telegrama itd.

Samopotvrđivanje *da* može se obratiti drugome isključivo pozivajući se na sebe, govoreći sebi *da, da*. Krug te univerzalne pretpostavke, sam po sebi prilično komičan, kao da je nekakva pošiljka samome sebi, slanje od sebe sebi koje, *istovremeno, niti ikada samo sebe napušta, niti ikada samo sebi stiže*. Moli kaže sebi (razgovarajući naizgled sama sa sobom), ona se seća da govori *da* tražeći od drugoga da od nje traži da kaže *da*, i počinje ili završava govoreći *da*, odgovarajući drugome u sebi samoj, ali zato da bi mu rekla kako će reći *da* ako to drugi od nje bude tražio, ako je bude pitao, da, da kaže *da*. Ta poslanja i pošiljke uvek podražavaju sholastičku situaciju pitanje/odgovor. A vidimo kako se scena „poslati samoga sebe samom sebi" u *Uliksu* mnogo puta iznova odigrava u doslovno poštanskom obliku. I uvek je obeležena podsmehom, kao sama avet i neuspeh. Krug se ne zatvara. U nedostatku vremena, uzeću samo tri primera. Najpre onaj sa Mili koja je sa četiri ili pet godina sama sebi slala ljubavnu poruku u kojoj se čak poredila sa „*looking glass* [ogledalom]" (O, Mili Blum... „*you are my looking glass* [ti si moje ogledalo]"). Ona je radi toga ostavljala „*pieces of folded brown paper in the letter box* [komadiće presavijene mrke hartije u poštansko sanduče]". Barem tako kaže francuski prevod („*Elle s'envoyait* [Slala je sebi]". Engleski tekst je manje jasan, ali ostavimo to). Što se tiče Moli, filatelistine ćerke, ona sama sebi šalje sve, kao Blum i kao Džojs, ali to je izrazito vidljivo u bukvalnosti one scene u kojoj se priča kako je i ona sama sebi poštom slala komade hartije: „*like years not a letter from a living soul except the odd few I posted to myself with bits of paper in them...* [kao što godinama ni pisma od žive duše osim ono malo što sam sebi poslala poštom sa komadićima hartije unutra...]" (678). Četiri reda ranije, on nju šalje ili *pošalje*: „*...but he never forgot himself when I was there sending me out of the room on some blind excuse...* [...ali on sam nikada nije zaboravljao kad sam bila tamo da me pošalje napolje iz sobe pod nekim providnim izgovorom...]".

VII

Dakle, reč je o tome da se sebi pošalje. I konačno, da se sebi pošalje neko ko kaže *da*, a da nema ni potrebe da se kaže išta o onome što francuski govorni jezik ili žargon vavilonizuje u rečima „*s'envoyer*" [poslati sebi ili sebe; voditi ljubav] ili „*s'envoyer soi-même en l'air* [poslati sebe u vazduh; doživeti orgazam]", ili „*s'envoyer quelqu'un* [sebi poslati nekoga; voditi ljubav s nekim]". „*S'envoyer*" jedva dozvoljava neprimetno skretanje device majke kada otac zamišlja kako izliva seme tvoreći sebi sličnog sina: „*... a mystical estate, an apostolic succession, from only begetter to only begotten...* [mističko imanje, apostolsko nasleđivanje, od jedinostvoritelja jedinostvorenome]". To je jedan od odlomaka o „*Amor matris, subjective and objective genitive, may be the only true thing in life. Paternity may be a legal fiction. [Amor matris.*(ljubav majke), subjektni i objektni genitiv, može biti jedina istinska stvar u životu. Očinstvo može biti zakonska izmišljotina.]". Moj treći primer nešto mu prethodi i dolazi odmah iza *Was Du verlachst wirst Du noch dienen*: „*He Who Himself begot, middler the Holy Ghost, and Himself sent Himself, Agenbuyer, between Himself and others, Who...* [On Koji je Sam Sebe stvorio, posrednik Duha Svetoga, i Sam Sebe poslao, Sebe, Otkupitelja, među Sebe i druge, Ko...]" (197). Dve stranice dalje: „*Telegram! he said. Wonderful inspiration! Telegram! A papal bull!*

He sat on a corner of the unlit desk, reading aloud joyfully:

— The sentimentalist is he who would enjoy without incurring the immense debtorship for a thing done. Signed: Dedalus.

[Telegram! Reče on. Sjajna inspiracija! Telegram! Papska bula!
Sede na neosvetljen ugao stola, čitajući naglas veselo:
— *Sentimentalista je onaj koji hoće da profitira a da ne preuzme na sebe ogromno dugovanje za svršenu stvar.* Potpis: Dedalus.]" (199).

Kako bih bio sve aforističniji i telegrafskiji, za kraj ću reći da uliksovski krug onoga *poslati se, poslati sebi* [*s'envoyer*] upravlja jednim reaktivnim *da-smehom*, što predstavlja postupak kojim se koristi hipermnetičko preusvajanje, kada ga avet jednoga potpisa ponese, i potpisom koji skuplja pošiljku kako bi se sakupio baš kod nje. Ali kada se — a to je samo pitanje ritma — krug otvori, kada se preusvajanje odbaci, kada spekularno okupljanje pošiljke veselo pusti da bude rasuto u mnoštvo jedinstvenih ali neprebrojnih pošiljaka, tada se drugo *da* smeje, drugo, da, smeje.

Dakle eto, odnos jednog *da* prema Drugom, jednog *da* prema drugom i jednog *da* prema drugom *da* mora biti takav da kontaminacija dva *da* ostane sudbonosna. I to nikako ne samo kao pretnja, nego i kao prilika. Sa rečima ili bez njih, shvaćeno u svom minimalnom događaju, *da a priori* zahteva da bude ponavljano, da bude smešteno u sećanje, i da jedno *da* upućeno drugom *da* nastanjuje dolazak „prvog" *da*, koje dakle nikada nije naprosto izvorno. Ne možemo reći *da* a da ne obećamo da ćemo ga potvrditi i da ćemo ga se sećati, da ćemo ga čuvati, premapotpisati u nekom drugom *da*, ne možemo ga izreći bez obećanja i bez sećanja, bez obećanja sećanja. Moli se seća.

To sećanje na obećanje izaziva krug preusvajanja, uz sve opasnosti tehničkog ponavljanja, automatizovanog arhiva, gramofonije, simulakruma, lutanja bez obraćanja i adrese. Jedno *da* mora se osloniti na sećanje. Pošto već dolazi od drugoga, u nesimetriji traženja, i od drugoga od koga je tražilo da traži nekakvo *da*, *da* se oslanja na sećanje drugoga, nekakvog *da* drugoga i drugog *da*. Sve opasnosti se već tiskaju, još od prvog daha samoga *da*. A prvi dah okačen je o dah drugoga, već, uvek nekakav drugi dah. On to ostaje dok ne izgubi glas i dok ne izgubi vid, unapred vezan za nekakav „*gramophone in the grave* [gramofon u grobu]".

Ne mogu se razdvojiti dva *da* blizanca, a ipak ona ostaju sasvim različita. Kao Šem i Šon, pisanje i pošta. Takav spoj, čini mi se, ne obezbeđuje potpis *Uliksa* nego *vibraciju* jednog događaja koji *se dešava samo da bi pitao*. Vibracija koja razlikuje više tonaliteta, više kvaliteta *da-smeha* koji ne dopuštaju da budu ustaljeni u nedeljivoj jednostavnosti jedne jedine pošiljke, od sebe sebi, ili jednim jedinim sapotpisom, nego pozivaju na premapotpis drugoga, na nekakvo *da* koje će odjekivati u nekom sasvim drugom pismu, drugom jeziku, drugoj idiosinkraziji, drugim nekim tonom.

Vraćam se na vas, na društvo za proučavanje Džojsa. Pretpostavite da jedno odeljenje za proučavanje Džojsa pod vođstvom nekakvog *Elijah Professor, Chairman*, ili *Chairperson*, odluči da proveri moje čitanje i ustanovi nekakav „program" čija bi se prva faza sastojala u tome da se napravi tabela sa velikom tipologijom svih *da* u *Uliksu*, pre nego što se pređe na *da* u *Bdenju Finegana. Chairperson* se složi (put, *la chair*, uvek kaže da) da se kupi jedan kompjuter N-te generacije koji će biti na visini zadatka. Započeta operacija bi mogla veoma daleko da ode, mogao bih vas zadržati satima kako bih vam opisao šta sam ja sam sračunao s olovkom u ruci: mehaničko brojanje „*yes*" koja se mogu pročitati u originalu, više od 222 ukupno – više od četvrtine, najmanje 79 u takozvanom Molinom monologu! – nešto veći broj na francuskom, sa klasifikacijom tipova reči ili rečenica ili ritmičkih pauza koje su u stvari prevedene kao *da* („*ay, well, he nodded*", itd.)[1] ponekad i tamo gde ne-

---

[1] Evo nekoliko primera: 13-16: prosto naprosto dodato *oui*, da. 39-42: *oui*, da, za *I am* jesam, i za *I will*, hoću. 43-46: *oui* za *ay*. 90-93: *oui mais*, da ali, za *well but*. 93-96: *Oh, mais oui*, Oh, ma da, umesto *O, he did*, O, jeste. 100-103: *Je crois que oui*, Verujem da da, za *I belive so*, Tako verujem. 104-108: *Oh mais oui*, Oh, ma da, za *O, to be sure*, O, zasigurno. 118-121: *fit oui de la tête*, klimnu glavom govoreći da, za *nodded*, klimnu [glavom]. 120-123: *oui* umesto *Ay*. 125-128: *pardi oui*, naravno, da, za *So it was*, Tako bi. 164-167: *Je crois que oui*, Mislim da da: *I believe there is*, Mislim da ima. 169-172: *oui merci*, da hvala: *thank you*, hvala; *oui: ay*. 171-174: *oui: ay*. 186-189: *oui-da, il me falait*, dakako, trebalo mi je: *marry, I wanted it*. 191-194: *Oui. Un oui juvénile de M. Bon*, Da. Mla-

ma „*yes*". I u svakom jeziku bi bilo bi neophodno posebno prebrojavati, s tim da se posebno naznači gde su upotrebljena u *Uliksu*. Šta, na primer, uraditi sa onim „*mon père, oui*", na francuskom u tekstu, ili sa onim „*O si certo* [O da svakako]" gde se *da* drži što je moguće bliže đavolskom iskušenju, iskušenju duha koji kaže „ne" (*„you prayed to the devil... O si certo! sell your soul for that...* [molio si se đavolu ... O da, naravno! Prodaj svoju dušu za to]" (46). Iza ovako opasnih prebrojavanja izričitih *da*, *chairperson* bi odredila ili obećala dva nemoguća zadatka za kompjuter

dalačko da g. Dobrog: -*Yes, Mr Best said youngly*, -Da, reče g. Dobri mladalački. 195-199: *oui-da: yea*. 199-203: *Oh si: o yes*. 210-214: *Oui da: Ay*. 213-218: *Oh oui: very well indeed*, vrlo dobro zaista. 220-224: *Dame oui: Ay*. 237-242: *Elle fit oui: she nodded*, ona klimnu [glavom]. 238-243: *Oui, essayez voir*, Da, pokušajte da vidite: *Hold him now*, Gledajte ga sad. 250-256: *Oui, oui: Ay, ay*. 261-266: *oui, essayez voir: hold him now*. 262-268: *Mais oui, mais oui: Ay, ay, Mr Dedalus nodded*. 266-271: *Oui, mais: But...,* Ali... 272-277: *Oui, certainement*, Da, svakako: *o, certainly is*, o, svakako jest. 277-281: *Oui, chantez...,* Da, pevajte: *Ay, do*, Aha, uradite [to]. 285-289: *oui, oui: Ay, ay*. 294-299: *oui: ay; oui: ay.* 305-309: *Ben oui pour sûr*, Ma da svakako: *So I would*, I hoću (složena sintaksa). 309-313: *Ah oui: Ay.* 323-328: *oui: ay; oui: ay.* 330-335: *oui: That'so,* Je l' tako. 331-336: *oui: well.* 346-351: *oui: so I would,* i hoću. 347-352: *oui: nay.* 363-367: *oui!: what!* 365-370: *Sapristi oui*, Dođavola, da: *devil you are*, đavola jesi; *oui!: see!*, vidiš! 374-377: *Elle regardait la mer le jour où elle m'a dit oui*, Gledala je more onoga dana kada mi je kazala da: *Looking out over the sea she told me*, Gledajući negde preko mora kazala mi je. 394-397: *oui da: ay.* 429-431: *Je crois que oui*, Mislim da da [jeste]: *I suppose so*, Mislim da je tako. 475-473: *je dis que oui*, kažem da da [jeste]: *I say you are*, kažem da [vi] jeste. 522-518: *Oui, je sais*, Da, znam: *o, I know*, o, znam. 550-546: *Ben oui: Why.* 554-550: *Oui: ay.* 557-552: *si, si: ay, ay; si, si: ay, ay.* 669-666: *oui: well; oui bien sûr*, da, naravno: *but of course*, ali naravno. 687-684: *oui: ay.* 699-694: *bien oui*, dobro, da; *of course*, naravno. 706-701: *le disait oui*, govorio mu je da: *say they are*, znači jesu.

Odnosno više od 50 premeštanja različitih tipova. Ovde bi se moglo pokušati da se napravi jedna sistematična tipologija.

kakav danas poznajemo i kakvim vladamo. Dva zadatka nemoguća iz svih razloga koje sam naveo a koje ovde svodim na dva velika tipa.

1. Po hipotezi, uredile bi se različite klase samoga *da* prema velikom broju kriterijuma. Ja sam pronašao barem deset kategorija modaliteta [2]. Taj spisak ne može biti zatvoren, jer svaka kategorija može da se podeli na dve, već prema tome da li se *da* pojavljuje u izrazitom *monologu* u odgovor drugome *u sebi* [3], ili u izrazitom *dijalogu*. Još bismo morali da vodimo računa o različitim tonalitetima koji odgovaraju tim željenim modalitetima *da*, na engleskom i na svim jezicima. Odnosno, čak i ako pretpostavimo da se čitačkoj glavi kompjutera mogu dati prikladna uputstva za ra-

---

[2] Na primer: 1. *Da* u obliku pitanja: da? Halo?: „*Yes? Buck Mulligan said. What did I say?*", Da, reče Bak Maligan. Šta sam rekao? (14-12). 2. Ritmičnim disanjem rečeno *da* u obliku monologizovanog potvrđivanja: „*Two in the back bench whispered. Yes. They knew ...*", Dvoje na zadnoj klupi prošaputaše. Da. Znali su... (27-30) ili „*Yes, I must*", Da, moram (44-40), itd. 3. *Da* pokoravanja: „*yes, sir*" (44-40). 4. *Da* koje obeležava slaganje povodom nečega: „*O yes, but I prefer Q. Yes, but W is wonderful*", O da, ali ja više volim Q. Da, ali W je čarobno (46-42). 5. *Da* ubrzanog, požudnog disanja: „*Be near her ample bedwarmed flesh. Yes, yes*", Biti pored njenog bujnog, krevetomzagrejanog tela, Da, da (63-60). 6. *Da* sračunatog, preciznog, presudnog disanja: „*Yes, exactly*", Da, baš tako (81-78). 7. *Da* rasejane učtivosti: „*Yes, yes*" (88-85). 8. *Da* naglašenog potvrđivanja: „*Indeed yes, Mr Bloom agreed*", Da, zaista, složi se g. Blum (103-100). 9. *Da* izričitog odobravanja: „*Yes, Red Murray agreed*", Da, složio se Red Mari (119-116). 10. *Da* upornog ubeđivanja: „*Yes, yes, they went under*", Da, da, propali su (135-131). Ovaj spisak je po suštini otvoren i razlikovanje između izrazitog monologa ili dijaloga može takođe biti podložno svakojakim parazitima i kalemima koje je najteže smestiti u tabelu.

[3] Zatvaranje je, dakle, nemoguće. Ono otvara nova pitanja koja destabilizuju instituciju džojsovskih studija. Tome ima više vrsta razloga. Najpre, to su oni razlozi koje smo upravo naveli po pitanju strukture samog *da*. Zatim, oni koji su u vezi

zlikovanje promena tona u svim tančinama – što je već sumnjiva stvar – nad-obeležavanje svakoga *da* ostatkom kvazitranscendentalnog *da-smeha* više ne može dopustiti nikakvo dijakritičko popravljanje kojim upravlja binarna logika. Dva *da-smeha* različitog kvaliteta neodoljivo se prizivaju i podrazumevaju jedan drugog utoliko što zahtevaju ali u istoj meri i dovode u opasnost potpisanu obavezu. Jedno predstavlja dvojnika onoga drugog, i to ne kao važeće prisustvo nego kao avet. *Da* kao sećanje, sposobnost prisećanja, reaktivno ponavljanje, smesta udvaja ono razigrano i lako *da* potvrđivanja, otvorenog potvrđivanja dara. Ta dva odgovora ili dve odgovornosti se uzajamno odnose jedna prema drugoj a da ne postoji nikakav odnos između njih. Oba potpisuju, a ipak onemogućavaju potpisu da se spoji. Ona samo mogu da prizovu neko drugo *da*, neki drugi potpis. A sa druge strane, nemoguće je odlučiti se između dva *da* koja se

sa novim odnosom koji je Džojs namerno, zlonamerno uveo, počev od određenog datuma, između „pre-teksta" ili takozvanog arhiviranog ili objavljenog dela. On je bdeo nad svojim arhivom. Sada znamo da je počev od određenog trenutka, svestan načina na koji će se postupati sa arhivom jednog „*work in progress*", on taj arhiv uključio u samo delo, počeo da čuva beleške, skice, pristupe, ispravke, varijante i pripremne radove (pomislimo ovde na *La Fabrique du Pré*, ili na rukopis teksta *La Table*, od Ponža). On je tako odgodio svoj potpis upravo u trenutku odobravanja za štampu. On je pokolenjima univerzitetskih profesora, čuvara njegovog „otvorenog dela", dao novi zadatak, zadatak u načelu beskonačan. Radije nego da se slučajno i posthumno prepusti industriji jedne „genetičke kritike", on je, mogli bismo reći, sastavio koncept i programirao prolaze i ćorsokake. Dijahronijska dimenzija, uključivanje ili pre dodavanje varijanti, rukopisni oblik dela, „korekture", pa čak i „štamparske greške" ukazuju na ključne trenutke u delu a ne na slučajnost jednog „ovo je moj *corpus*".

„*I am exhausted, abandoned, no more young. I stand, so to speak, with an unposted letter bearing the extra regulation fee before the too late box of the general postoffice of human life.* [Iscrpljen sam, napušten, nisam više mlad. Stojim, da tako kažem, sa neposlatim pismom u kojem se nalazi nadoplata, pred poslednjim sandučetom glavne pošte ljudskog života.]".

moraju spojiti kao blizanci, sve do simulakruma, jedno kao gramofonija drugoga.

Tu vibraciju ja čujem kao samu muziku *Uliksa*. Računar danas ne može da raz-broji taj splet, uprkos svim uslugama koje može da nam pruži. Samo nekakav nečuveni računar mogao bi ovde *odgovoriti* onom *Uliksovom*, ako bismo pokušali da ga u njega uključimo, dakle, ako bi mu bila dodata njegova sopstvena participa, njegov drugi jezik i njegovo drugo pismo. Ono što ovde govorim ili pišem služi samo da se iznese jedna pretpostavka, samo delić onoga što bi sadržao tekst tog nečuvenog računara.

2. Otuda drugi oblik argumentacije. Zadatak koji je „*chairperson*" naložila kompjuteru ili instituciji, sam njegov program u stvari pretpostavlja jedno *da* (drugi bi ga nazvali jezičkim činom) koje – odgovarajući na neki način na događaj svih onih *da* u *Uliksu* i na njihov poziv, na ono što u njihovoj strukturi jeste, ili izgovara poziv – *jeste deo i nije deo* analiziranog korpusa. To *da* koje izgovara *chairperson*, kao i svaki program spisa o *Uliksu* koji mu odgovara i premapotpisuje ga na neki način, ne može biti ni prebrojeno niti raz-brojeno, od-brojeno, oduzeto, kao što to ne mogu biti ni ona *da* koja ono priziva sa svoje strane. To nije samo binarnost, to je iz istog razloga i totalizacija koja se potvrđuje kao nemoguća, i zatvaranje kruga, i Uliksov povratak, i sam Uliks, i samopošiljanje nekog nedeljivog potpisa.

Da, da, eto šta zasmejava. A ne smejemo se nikada sami, kaže s pravom Frojd, nikada se ne smejemo a da ne delimo neko zajedničko potiskivanje.

Bolje rečeno, eto šta nas navodi na smejanje kao što nas nešto navodi na razmišljanje. I to naprosto zato što nas vodi s onu stranu smeha i s onu stranu samoga *da*, s onu stranu nekog *da/ne/da*, nekog *ja/ne-ja* koje se uvek može preokrenuti u dijalektiku.

No, može li se potpisati parfemom?

Samo neki drugi događaj može potpisati ili premapotpisati kako bi se time neki događaj već desio. Ovaj, koji naivno nazivamo prvim, može se potvrditi samo u potvrđivanju drugog – nekog sasvim drugog događaja.

Drugi potpisuje. I to *da* ponovo kreće u beskonačnost, mnogo više, sasvim drugačije nego u onom „*yes, yes, yes, yes, yes, yes, yes*", onoj sedmici od sedam *da* gospođe Brin dok sluša Bluma kako joj priča o Markusu Tercijusu Mojsiju i o Mojsijevoj Igračici (437): „*Mrs Breen: (eagerly), Yes, yes, yes, yes, yes, yes, yes.*"

Odlučio sam da se ovde zaustavim jer umalo da mi se nije desila saobraćajna nesreća u trenutku kada sam za volanom škrabao ovu poslednju rečenicu dok sam se, napuštajući aerodrom, vraćao kući po povratku iz Tokija.

POGOVOR

Nekoliko opštih mesta o Deridi, uz par reči za Džojsa

Gde se, i kako, mogu susresti dva velika iskustva XX veka – literatura koja, u slučaju Džejmsa Džojsa, odlučno ispituje granice svih svojih oblika, i filozofija koja, u slučaju Žaka Deride, nastoji da vlastitu granicu pomeri ka oblicima govora koje je ranije često sistematski odbijala? U zajedničkom, saglasnom podsmehu tim granicama?

Opšte mesto Deridine dekonstrukcije – kako se uobičajeno naziva operacija ispitivanja teksta kod ovog savremenog francuskog filozofa, a po tome i generalna orijentacija njegovog mišljenja kao i mišljenja inspirisanog tom orijentacijom – predstavlja radikalno stavljanje u pitanje vrednosti polazišta i odredišta neke jezičke tvorevine. Prema tradicionalnom razumevanju, neki znak ili grupa znakova polazi od utvrđenog autora. U njemu postoji neka zamisao ili naum (ideja, logos), i on svoju nameru (intenciju) prenosi u govor upućen drugome, najpre kao glas (*phone*), odnosno kao zabeleženi glas, pismo (*gramme*). Primalac bi išao obrnutim putem, razumevajući kroz pismo glas, a kroz glas nameru i misao. Ova uvrežena koncepcija komunikacije u različitim varijantama traje već hiljadama godina kao dominantna u evropskoj misli o jeziku, o tvorevinama jezika, tj. o samom mišljenju koje se, prema njoj, jezikom služi kao instrumentom za svoje prenošenje. Njen paradoks leži u tome da misao koja se jezikom posreduje može do pretpostavljenog primaoca stići u potpunom, čistom, sigurnom vidu samo ako negira svoje jezičko posredovanje. Tek ako se jezik prisili da se ukloni kako sobom ne bi narušio, skrenuo ili na druge načine razgradio prvobitni, izvorni naum, imamo poklapanje polazišta i odredišta, namere i svrhe. U krajnjoj liniji, samo se u zatvorenom opštenju misli sa sobom samom može ostvariti komunikacioni ideal iz ovakve koncepcije odnosa mišljenja i govorenja, jezika kao instrumenta, a razumevanja kao povratka misli na vlastiti izvor.

Derida ne odbacuje sasvim ovu koncepciju, koja u isti mah počiva na paradoksu i skriva ga kako bi mu umanjila snagu, ali poučen brojnim ovovekovnim „jezičkim obrtima" u filozofiji stavlja u pitanje njenu opštost. Na barem dva načina. Ako se jezik u opštenju ne može ukloniti, već samo svoditi do određene mere, pri čemu iz zategnutog luka njegovog svijanja uz misao dolazi do napetosti između misli i jezika, a naročito u samom jezičkom izrazu, nije li potrebno da se između jezika kao potisnutog člana u jednačini komunikacije i misli kao povlašćene instance, obrne hijerarhija, i misaoni naum posmatra kao učinak jezičke delatnosti koja ostaje jedan od najsloženijih fenomena ljudske kulture? To je još jedno opšte mesto dekonstrukcije: *preokret* klasične opozicije članova iz ranije hijerarhije. Potom, ukoliko jezik sada postaje nosilac vrednosti ranije pripisanih logosu kao mišljenju, nije li ova nova zamisao „logosa" preuzela time na sebe obavezu da iznova uredi odnose za koje se smatralo da su „naturalizovani" do te mere da ih primamo kao samu prirodu i mišljenja i govorenja? Ponovo opšte mesto dekonstrukcije, njen drugi korak: *premeštanje* čitavog sistema odlika, vrednosti, smislova, razlika i identiteta, a naročito onih iz dveju velikih, možda i najvećih oblasti – prirode i kulture, predmetnog sveta i sveta tehnike, umeća (konstrukcije).

Za početak, time se iznova pokreće problem odnosa između dve velike sfere, filozofije – koja, „po prirodi" predstavlja mišljenje u njegovim bitnim vidovima, – i literature – koja, „po umeću", ulozi u kulturi sveta, predstavlja jezik u oblicima koji često ne haju za „prirodu" mišljenja, ni svakodnevnog, niti bitnog, „zakonitog", onako kako ga nalaže logika ili gramatika. Dok filozofija nastoji da govor podvede pod principe kontrolisanog logosa, književnost dopušta sebi da te principe izneveri – od toga da na svoj ontološki modus upućuje kao na izmišljotinu, koja sa realnim gradi odnose simulacije, preko otvorenih kontradikcija, sukoba i tenzija vlastitih iskaza, sve do – sa stanovišta uređene i svrhovite misli suvišnih – „ukrasa" retorike ili melodike. I mada smo iza kontrolisanog logosa filozofije često nalazili „pesničke" elemente, od Heraklita do Hajdegera, kao što smo iza retorički „divljeg" i „nestandardnog" književnog govora zaticali određene istine o svetu i uzore vredne naših povesti, kroz dva i po milenijuma filozofskog truda u osnovi se malo šta promenilo u gledanju mišljenja na pevanje. Podozriva prema pesništvu, filozofija je zadržala načelan stav o njemu kao o spornoj stvari, onako kako je Platon zabeležio u *Državi* govoreći da između to dvoje postoji „jedna stara nesuglasica", jedna razlika koja ostaje nesvodljiva (*diaphora*) koja, kaže Platon na tom mestu, ne može da se reši drukčije do li proterivanjem poezije iz razumom uređenog poretka. „Na to nas je nagnao razum (*logos*)" – veli se, a u potvrdu ovog spora navodi običaj pesnika da se, kao kakva deca, podsmehnu ozbiljnosti filozofskog truda: filozofi „dižu preteranu viku" ni oko čeg, tj. „veliki su u svome glupom i praznom pričanju", kako glasi jedan takav pesnički sud ironije.

Ironija nije samo podsmeh, već i preokret vrednosti, premeštanje u polje koje se smatralo slabijim, potisnutim na rub, van okvira zadatog nekim središtem, kroz specifično jezički (znakovni) čin, gde se „misli jedno, a kaže drugo". Taj je jezički čin u sprezi sa alegorijom, govorenjem „na drugi način, drugim rečima", gde se izvesna misaona („apstraktna") supstanca prenosi kroz formu („ekspresiju" ili „sliku"), koja bi trebalo da se bitno s njom poklopi. Alegorija je pramodus filozofije, od njenih prvih dana pa sve do savremenih metafora pretvorenih, istrajnim potiskivanjem „ekspresivne" strane, u kategorije, za razliku od ironije, koja nikada u filozofiji nije nalazila valjano mesto, usled svoje naglašene nepouzdanosti. Ali filozofska ili teorijska alegorizacija apstraktnih zamisli u konkretne jezičke oblike ostala je potčinjena instrumentalističkom razumevanju jezika. Platonovo proterivanje pesnika iz razumom uređenog poretka ima osnovu u ovoj nepouzdanosti svake slike ili izraza koji odbija da se do kraja potčini strogo zamišljenom logosu u opštenju sa sobom. Jedan Homerov spev poput *Odiseje*, koji s onu stranu mitskih alegorija, proširuje alegoriju na opšte lutanje svake poruke u traganju za svojom Itakom, svojim nepredvidljivim čitanjem, ne može biti model za filozofiju u kojoj se polazište logosa mora poklopiti sa njegovim odredištem, intencija sa destinacijom, ma kroz kakve „odiseje" (jezičke oblike) logos usput prolazio. I kad *Odiseja* nađe i takvog svoga „Itačanina" kakav je jedan irski pisac na početku ovog stoleća, koji će, dovoljno ironično, pretvoriti njene mitske cikluse u vreme od jednog dana i jedne noći, uzimajući za „junaka" prilično trivijalnog „Uliksa" sa drugog kraja Evrope, tada se ova opšta alegorija poruke sa slučajnim odredištem (ili književnog dela, te „boce u moru" koja putuje s jedne na drugu stranu okeana, tj. „ruba sveta") potvrđuje kao veliko načelo ironičnog podsmeha svakom „razumski" uređenom poretku. Mi sa literaturom nikada nismo do kraja načisto kuda nas može odvesti. Ona nam demonstrira kako se alegorije u njoj povezuju sa ironijama, kako jedne sa- ili premapotpisuju one druge.

Ali da bi uopšte do nekog susreta, do nekog ukrštanja polazišta i odredišta došlo, potrebno je odazvati se na poziv – makar on bio i ovako lutalački, pesnički ili rapsodijski, smatra Derida. Ako je pesništvo jedno značajno Da – koje se unapred saglašava sa svim susretima, svim čitanjima, ma koliko ona bila parcijalna, pogrešna, presudno je da su nova i da svoju inovativnost dokazuju novim Da za druge susrete – potrebno je, sa strane filozofije, reći jedno takođe značajno Da pesništvu. Da li je, kako, koliko to moguće? Tokom godina, Derida je uložio veliki napor da pokaže da njegova dekonstrukcija („razgradnja" ili, možda bolje, principom bliskim samom tom postupku, „razrada") nije negativan postupak koji samo raščinjava postojeće poretke na njihove činioce, menja im odnose i vazda propituje tako narušene sisteme, već je i „konstruktivna", budući da od razgrađenog gradi nove poretke, pa otuda i afirmiše ili potvrđuje nove vrednosti. I ta „konstruktivna" strana dekonstrukcije postala je njeno opšte mesto, pa ovaj Deridin spis nije jedini koji se bavi temom afirmacije, velikim Da, kao što ni Derida nije prvi filozof koji se zanima za ideju potvrde (na svoje načine činili su to i jedan Lajbnic i jedan Niče). Smisao Deridine afirmacije pre svega je afirmacija sveta kao razlike, polja nesvodljivih napona koji pružaju izgled neke invencije. Reč je o tome da se raniji obrasci negacije („kritike", pobijanja dramatizacijom razlike u „kontradikcije") zamene afirmacijom inovativnosti – a invencije više nisu opšte mesto, pa ni dekonstrukcije. Literaturi je bliska ova misao, ali za filozofiju ona ostaje veliko iskušenje, kao što je i Deridino mišljenje jedno od velikih iskušenja za filozofiju, ne po tome što nudi toliko drukčiju koncepciju sveta ili bića (tu je Derida veliki dužnik Ničeu, Hajdegeru i Frojdu), pa ni toliko drukčiju koncepciju jezika (koja bez brojnih „jezičkih obrta" u filozofiji, od fenomenologije do Ostina, i u lingvistici, od de Sosira do pragmatičara, ne bi bila moguća), već po tome što otvara problem same filozofije na načine koje je ona smatrala, tokom svoje duge i vredne istorije, po sebe veoma opasnim. Ukoliko se, naime, invencija u filozofiji ispituje kroz razliku mišljenja i govorenja, a ovo ispitivanje nije vođeno svrhom potiskivanja jezika i njegovog potpunog potčinjavanja mišljenju, već nastoji da mišljenju pribavi snagu iz energije koju jezik ostavlja u svim svojim tragovima u kojima se urezuje u misao, tada postaje neizvesna dalja povest filozofije kao misli koja, misleći suštinu ili celinu sveta, misli prevashodno samu sebe. Svakako da je neizvesnost deo svakog izazova, ali ovde se izazov dekonstrukcije filozofije tiče čitave njene tradicije, njenih institucija, njenih procedura, pa se afirmativni Derida često prenebregava ili previđa iza ikonoklastičkog, atradicijskog i vanproceduralnog Deride kao još jednog opšteg mesta „nihilizma", „relativizma" ili „avangardizma".

Na koji način će korpusi filozofije (njenih tradicija, institucija, procedura) odgovoriti na ovaj izazov, to još ostaje da se vidi. Vratimo se na Da koje Derida beleži kao obostrani preduslov za susret filozofije i literature. U samom „Uliksu gramofonu" – spisu nastalom kao predavanje na kongresu džojsologa povodom stogodišnjice piščevog rođenja – kroz „metafore" tehnike (gramofoni, aparati za pisanje i čitanje, telefonijski sistemi itd.) potvrđuje se najpre artificijelnost jednog dela koje se ionako iz književne tradicije izdvajalo kao „neprirodno": Džojs je i u *Uliksu*, a još više u *Bdenju Finegana*, važio, slično Deridi u filozofiji, za umetnika krajnjih rubova literarnog iskaza i postupka. Takođe se ukazuje poštovanje prema onome što je, uprkos ogromnoj „industriji" džojsovskih istraživanja, ostajalo vazda kao beleg jedne „koincidentne" poetike – nasumični i razvezani motivi kod Džojsa su „iznenada" dolazili u dodir, presecali se i time uklapali u celinu, a da nikad nisu (ili su to vrlo retko) postajali zamena za celinu, neka vrsta „poente" ili „opšte poruke". Iza Džojsovih ogleda s jezikom, iza polilingvalnih opita, eskperimenata da se jezik proširi iz svesti na podsvest, iz unutrašnjih monologa na dijaloge koji prepliću, mrse i donekle uklanjaju granicu između spoljašnjeg i unutrašnjeg, prenoseći se na telo, a s tela na kretanje, na prostor i na vreme, ostajalo je vazda pitanje ukupne „poente" ili opšte „poruke" – generalnog smisla – njegove literature. Za razliku od mnogih ranijih pisaca, a naročito pisaca XVIII i XIX veka, Džojsove velike pouke nisu „filozofske", u smislu određene „antropologije" ili „psihologije", novih uvida u prirodu sveta, čoveka ili njegove ličnosti. Džojsovi uvidi se tiču prevashodno uvida u artificijelnost jezika, u ništavilo samog pričanja – tih naracija od kojih se najveća i sastoji svakodnevica. Velike interpretacije Džojsa – onih globalnih tumačenja namera njegove književnosti prema svetu kakvih ima za većinu značajnih pisaca prošlih stoleća, pa i ovoga – zamenjene su u džojsovskoj „industriji" filološkom ili istorijskom akribijom, intertekstualizacijom ili parabiografskim intervencijama tumača koji delo projektuju na život i time izokreću tradiciju razumevanja koja je ranija polazila od autora. Kao autor, Džojs se zbilja zaklanja iza svog dela i „podrezuje nokte", odnosno pokazuje se samo kao zagonetka „da bi profesori literature na vekove bili upošljeni", kako glase dve poznate njegove ironije na račun svojih kvalifikovanih čitalaca, kritičara i tumača. Derida će se upitati o smislu ovih kvalifikacija, kompetencija i institucija, potvrđujući samu autorsku ironiju, njegov podsmeh intenciji globalnih, totalizujućih tumačenja, tih velikih alegorija čitanja koje nam nude jednu interpretativnu perspektivu kao pravu, ispravnu, pouzdanu zamenu za samo čitanje. Jer samo čitanje Džojsa ostaje stvar slučajnih susreta teksta i čitalaca, gde invencija ovih potonjih igra ulogu značajniju od ma koje, ma kako mudre interpretacije.

Naročito to važi za *Bdenje Finegana*. U izvornom izdanju *Uliksa gramofona* istoimenom tekstu prethodi jedna Deridina, u samoj knjizi nešto prerađena i dopunjena usmena intervencija s književne večeri posvećene *Bdenju* u Parizu 1982. godine. *Finnegans Wake*, počev već od naslova, neprevodljiva je građevina; delove koje su pojedini prijatelji prevodili za života pisca, Džojs je preradio do mere u kojoj se pokazuju kao drukčiji tekst, koji tek rubovima podseća na „izvornik". U Deridinoj intervenciji – koja nosi naslov „Dve reči za Džojsa", a kao predgovor „Uliksu gramofonu" odgovara na eho s kraja ovog potonjeg – i sam filozof, u ulozi čitaoca par odlomaka iz *Bdenja*, predaje se, kako svaki čitalac ovog Džojsovog „romana" mora, poliglotskoj igri, doprinoseći time vavilonizaciji literature i presecajući nit po kojoj bi neki prevodilac mogao sve to skupa da prenese u treće jezike, a da i sam ne podlegne pometnji reči. Pometnja reči, umnožavanje jezika, odbijanje da se izraz svede na naum smisla, predstavlja jedno od dva pitanja koje Derida postavlja povodom vavilonske knjige o Fineganu. Može li se džojsovska pometnja alegorizovati – a time i preneti u neki drugi govor, u slike nekog mišljenja koje bi iskazivalo globalne apstrakcije Džojsove proze kojih, uosta-lom, jedva da ima? Osim motiva povratka – koji je zajednički i za „tematsku" i za „formalnu" ravan *Bdenja*, pa se ne može „apstrahovati" do određljivosti potrebne za neko teorizujuće tumačenje, osim polusna i sna u kojem se mešaju reči, splićesintaksa („jezik odlazi na spavanje"), a „likovi" više kao seni jedni drugih preobražavaju tako da, na kraju, nismo sigurni koji je lik „središnji" (jer nismo u stanju da mu pouzdano odredimo ime od više ponuđenih), niti da li ima kraja tom snatrenju u čijem samom središtu su sve same krajnjosti sadržine i stila, sve drugo je u čitanju tog dela stvar za nagađanje, za „koincidentnu" hermeneutiku, za slučajni („na sreću") susret teksta i čitaoca. Ne samo da nam ne pomažu pretpostavljene namere pisca, već i sama pretpostavka da Džojs ima neku opštu nameru s ovim tipom teksta (osim da se on potvrdi kao takav u našem čitanju, što je već namera teksta, za koju nam, opet, pretpostavka o autoru nije naročito potrebna) izvan je horizonta našeg čitanja, pa će ga pre zatvoriti nego otvoriti. I kad Derida u „Dve reči za Džojsa" naglasi vavilonski karakter te jezičke igre, tu razliku iz koje govor bruji kao šum koji je neprevodljiv i nesvodljiv, dolazi se do iskušenja da se kaže da je *Bdenje Finegana* zapravo potvrda Deridine dekonstrukcije, teorijskog izraza za nesvodljivost jezika i misli, znaka i značenja, polazišta i odredišta.

Ali to je samo prva reč, Džojsovo Da unapred ponuđeno onima koji se odazivaju na njegovu igru. Druga reč je manje alegorična, a daleko više ironična. Poslednja Džojsova reč, nagoveštava Derida u „Dve reči za Džojsa", nije reč koju bi čitanje moglo alegorizovati u apstrakciju neke poruke: ta je reč smeh. Smeh nad svime što činimo, pa čak i smeh nad samom idejom čitanja: Džojsovo je *Bdenje Finegana* zapravo nečitljivo u samom smehu koji se razleže i nad tim delom i nad svom literaturom. To ne znači da je ono do kraja nerazumljivo – krajnosti razumevanja i nerazumevanja činioci su igre upleteni u samo delo – već da nema završnice u kojoj će ma ko, pa i tako vispreni čitalac kakav je Derida, opisati ukupni horizont teksta. Književnost dekonstruiše vrtoglavije od svake teorije konstruisanja ili dekonstruisanja.

I po tome što je literatura u načelu nesvodljiva na generalizacije čitalaca, što se jezik kroz pesništvo bez prestanka ispostavlja kao neukrotivi višak smisla, „poslednja" Džojsova reč predstavlja kikot nad svim nastojanjima interpretacije da pripitomi govor, pa i podsmeh svakoj filozofskoj interpretaciji. Ne znam da li se taj Da-smeh Džojsov može voleti, da li nam se može dopasti takva uloga Džojsa, kaže Derida na kraju „Dve reči…". Ne znam ni da li bi Džojs voleo da ga takvog volimo, da li bi mu se svidelo da nam se u tom liku – jednog božanskog lakrdijaša jezika, bezbožnog boga ironije – sviđa, dodaje on. I završava, odgovarajući na podsmeh pesničkog koji je toliko zadavao muka Platonovom „logosu" da mu je ovaj morao okrenuti leđa u ime potpisa i premapotpisa filozofskog razuma, lišenog smisla za pesničku šalu: „Bog koji još jednom potpisuje, Bog koji te potpisuje u nama, smejmo se, amin". Je li to gramofon iz Džojsovog doba, sa velikim uvom umesto trube, koje osluškuje smeh kroz da-mrmljanje svojih slušalaca i čitalaca, uključujući tu i Deridu, vo vjeki vjekov? Koji smehu odgovara kroz smeh: amin?

Novica Milić

Žak Derida
ULIKS GRAMOFON

Glavni urednik
Jovica Aćin

Design
Nenad Čonkić

Realizacija
Aljoša Lazović

Izdavačko preduzeće
RAD
Beograd, Moše Pijade 12

Za Izdavača
Zoran Vučić

Grafička priprema
Grafički studio *RAD*

Štampa
CODEX COMERCE

CIP – Каталогизација у публикацији
Народна библиотека Србије, Београд

820.01-31

ДЕРИДА, Жак
   Uliks gramofon : Da–govor kod Džojsa / Žak Derida ; [s francuskog prevela Aleksandra Mančić Milić ; pogovor Novica Milić]. – Beograd : Rad, 1997 (Beograd : Codex Comerce). – 78 str. ; 20 cm. – (Kolekcija Pečat)

Prevod dela: Ulysse Gramophone / Jacques Derrida. – Nekoliko opštih mesta o Deridi, uz par reči za Džojsa: str. 71–78.
ISBN 86-09-00491-0

14 Дерида Ж.
a) Џојс, Џемс (1882–1941) – Естетска анализа b) Дерида, Жак (1930–)
ИД=55653132

www.ingramcontent.com/pod-product-compliance
Lightning Source LLC
LaVergne TN
LVHW020059090426
835510LV00040B/2647